WUNDERVOLLE STRICKIDEEN

LIEBLINGSKLEIDER FÜR BABYS & KLEINKINDER

LIEBE LESERINNEN UND LESER,

schon unsere Großmütter haben für ihre Kinder und Enkel gestrickt. Und da stricken auch heute wieder sehr beliebt ist, zeigen wir Ihnen hier die schönsten aktuellen Kindermodelle. Verständliche Anleitungen, übersichtlich gegliedert, und ausführliche Erklärungen am Ende des Buches machen Ihnen das Stricken ganz leicht. Lassen Sie sich von den großformatigen Fotos inspirieren und verwöhnen Sie Ihre kleinen Autonarren und Prinzessinnen mit ihren Lieblingsmodellen. Ganz bestimmt werden auch Sie, Ihre Verwandten und Freunde Freude daran haben, wenn Ihr Enkel oder Ihr Sohn im Rennfahrerpullover seine Spielzeugautos über den Teppich schiebt oder wenn Ihre Enkelin oder Tochter im selbstgestrickten Mäntelchen die Herzen der Passanten erobert!

VIEL SPASS MIT IHREN LIEBLINGSMODELLEN!

INHALT

6	10	14	18	22
POLOPULLI IN WOLLWEISS	KUSCHELDECKE	MEIN ZAUBERPONCHO	WARMER LIEBLINGSMANTEL	DIE GUTE-LAUNE-JACKE
52	58	62	72	78
BUNTE SPIELPULLIS	AUTODECKE	TIERISCHES PULLI-VERGNÜGEN	RITTERWESTE MIT KAPUZE	SÜSSE STREIFENJACKE
108	116	124	130	138
ENSEMBLE FÜR DIE KLEINEN	FÜR PRINZESSIN UND PRINZ	SOMMERJÄCKCHEN	GEMÜTLICHES KAPUZENKLEID	STRICKJACKE MIT TASCHEN
170	176	182	188	194
WAHRE MÜTZENLIEBE	LUKAS' LOKOMOTIV-PULLI	ZWERGEN-JÄCKCHEN	REGENBOGEN-JÄCKCHEN	BUNTES STRICKJÄCKCHEN

AM LIEBSTEN MÖCHTE ICH SIE ALLE HABEN!

28 ZWILLINGS-PULLI MIT MÜTZE
34 MEINE LIEBSTE STRICKJACKE
38 KAPUZENWESTE FÜR RABAUKEN
42 EIN ECHTER ARBEITS-PULLUNDER
46 KUNTERBUNTER RINGELPULLI

82 MEIN NEUER LIEBLINGSPULLI
86 NICHT NUR FÜR KATZENFANS
94 MEIN KATZENAUGEN-MANTEL
100 MÄRCHENHAFTER CARDIGAN
104 HOODIE FÜR STARKE KERLE

144 BOLEROJÄCKCHEN
148 LANGES BABY-JÄCKCHEN
152 HOODIE FÜR AUTOFREUNDE
158 MEIN FESTTAGSMANTEL
164 MEIN SCHMETTERLINGSKLEID

198 STRAMPELANZUG
202 HERZIGES JÄCKCHEN
207 PRIMABALLERINA-MANTEL
212 FLAUSCHIGER HERBSTMANTEL

216 STRICK-BASICS
220 KLEINE STRICK- UND HÄKELSCHULE
224 IMPRESSUM

POLOPULLI IN WOLLWEIß

GRÖSSE:
62/68–74/80–86/92

MODELLMAßE:
Oberweite 50/52/54/56 cm
Länge 27/30/32/33 cm

MATERIAL:
- LANG YARNS MERINO 120
(100 % Schurwolle, LL 120 m / 50 g):
200/200/250/250 g
Offwhite 34.0002
oder Grün 34.0198
- Stricknadel Nr. 4
- 3 Knöpfe

MUSTER:
Nadel Nr. 4: Rippen = Vorder- und Rückseite re.

TIPP:
Bei der Einteilung für den Poloschlitz sind die M der Armausschnitt-Abnahme nicht eingerechnet.

MASCHENPROBE:
Nadel Nr. 4:
22 M = 10 cm breit.
44 R = 10 cm hoch.

RÜCKENTEIL: Anschlag 58/60/62/64 M. Im Muster stricken. **ARMAUSSCHNITTE:** Bei 16/18/19/20 cm ab Anschlag (hängend messen) beidseitig 1x2 M abketten und jede 2. R 4x1 M abnehmen = 46/48/50/52 M. **HALSAUSSCHNITT:** Bei 26/29/31/32 cm ab Anschlag die mittleren 18/20/20/22 M abketten und beidseitig davon nach 2 R noch 1x2 M abketten.
SCHULTERN: Bei 27/30/32/33 cm ab Anschlag die restlichen je 12/12/13/13 M abketten.

VORDERTEIL: Wie Rückenteil arbeiten bis Poloschlitz: Bei 1/2/3/3 cm Armausschnitthöhe auf der Vorderseite 21/22/23/24 M stricken und 5 M neu dazu anschlagen, restliche M liegen lassen = 26/27/28/29 M (s. Tipp). Für die li Seite weiterstricken. Bei 6 cm Schlitzhöhe an der li Kante für den Halsausschnitt jede 2. R 1x5/6/7/8 M, 1x3 M, 1x2 M abketten und 4x1 M abnehmen. Die Schulter-M in gleicher Höhe und wie am Rückenteil abketten. Für die re Seite 1 Rand-M neu anschlagen, die liegen gelassenen 25/26/27/28 M weiterstricken = 26/27/28/29 M (s. Tipp). Nach 4 R 1 Knopfloch wie folgt einstricken: 2 M stricken, 1 U, 2 M re zusammenstricken. In der Rück-R den U li stricken. Dieses Knopfloch mit 7 Zwischen-R noch 2x wiederholen. **HALSAUSSCHNITT:** Bei 6 cm Schlitzhöhe an der re Kante jede 2. R 1x5/6/7/8 M, 1x3, 1x2 M abketten und 4x1 M abnehmen. Die Schulter-M in gleicher Höhe und wie am Rückenteil abketten.

ÄRMEL: Anschlag 34/36/36/38 M. Im Muster stricken. Für die seitliche Schrägung beidseitig 5x/6x/7x/8x1 M jede 16./12./12./12. R aufnehmen = 44/48/50/54 M. **ARMKUGEL:** Bei 20/20/22/24 cm ab Anschlag beidseitig 1x2 M abketten und jede 4. R 5x/5x/5x/6x1 M abnehmen, anschließend jede 2. R 3x/4x/4x/5x1 M abnehmen und 1x2 M, 1x3 M abketten. Bei 7/8/8/9 cm Armkugelhöhe die restlichen M locker abketten.

AUSARBEITEN: Nähte schließen. **KRAGEN:** Aus dem Halsausschnitt ca. 59/61/65/67 M auffassen (= re Vorderteil 16/17/18/19 M, dabei nach der Schmalkante der Poloborte beginnen, Rückenteil 25/27/29/31 M, li Vorderteil 16/17/18/19 M, dabei vor der Schmalkante der Poloborte enden). Im Muster stricken. Bei 6 cm Kragenhöhe alle M locker abketten. Die Schmalkante der Schlitzborte hinter die Knopflochborte nähen. Ärmel einsetzen. Knöpfe annähen.

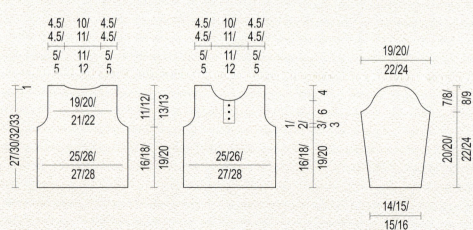

DEN WILL ICH AM LIEBSTEN GAR NICHT MEHR AUSZIEHEN.

KUSCHELDECKE

GRÖSSE:
ca. 72 x 96 cm

MATERIAL:
- LANG YARNS MERINO+
  (100 % Schurwolle, LL 90 m / 50 g):
  je 150 g Offwhite 152.0002,
  Jeans 152.0020, Grau 152.0223,
  Braun 152.0067, Limone 152.0297
- Stricknadel Nr. 5

Farbvariante:
- Offwhite 152.0002, Beige 152.0096,
  Camel 152.0139, Grau 152.0223
  und Lachs 152.0328

MUSTER:
Nadel Nr. 5: Rippen = Vorder- und Rückseite re.

MASCHENPROBE:
Nadel Nr. 5:
18 M = 10 cm breit.
36 R = 10 cm hoch.

AUSFÜHRUNG: Anschlag 24 M. Im Muster stricken. Bei ca. 12 cm ab Anschlag (es muss quadratisch sein) alle M abketten. Je 10 Quadrate in Offwhite, Jeans, Braun und je 9 Quadrate in Limone und Grau stricken.

AUSARBEITUNG: Die Quadrate wie folgt flachkantig aneinander nähen (8 R mit je 6 Quadraten): 1. R: Offwhite, Jeans, Braun, Limone, Grau, Offwhite. 2. R: Jeans, Braun, Limone, Grau, Offwhite, Jeans. Jede weitere R um ein Quadrat nach re verschieben.

DAMIT MACHE ICH ES MIR GEMÜTLICH,
WENN ICH MICH VOM SPIELEN AUSRUHE

MEINE SCHWESTER
HAT EINE EIGENE IN HELLROT

MEIN ZAUBERPONCHO

MODELLMAßE:
Obere Weite 67 cm
Länge 35 cm

MATERIAL:
- LANG YARNS RIGA
  (53 % Schurwolle, 47 % Polyacryl,
  LL 80 m / 50 g):
  300 g Rosa-Mint 851.0050
- Stricknadel Nr. 7 und 8
- 1 lange Rundstricknadel Nr. 7
- 6 Knöpfe

MUSTER I:
Nadel Nr. 8: glatt re = Vorderseite re, Rückseite li.

MUSTER II:
Nadel Nr. 7: 1 M re, 1 M li.

MASCHENPROBE:
Muster I, Nadel Nr. 8:
12 M = 10 cm breit.
17 R = 10 cm hoch.

RÜCKENTEIL: Anschlag 37 M. Im Muster I stricken. Für die seitlichen Rundungen beidseitig jede 2. R 1x5 M, 1x4 M, 1x3 M, 2x2 M neu dazu anschlagen und 7x1 M aufnehmen = 83 M. SCHULTERN: Bei 31 cm ab Anschlag beidseitig jede 2. R 3x8 M + 1x9 M stufenlos abketten. HALSAUSSCHNITT: Gleichzeitig bei 34 cm die mittleren 15 M abketten und beidseitig davon jede 2. R noch 1x1 M abketten.

LINKES VORDERTEIL: Anschlag 18 M. Im Muster I stricken. Für die seitliche Rundung an der re Kante 1x5 M, 1x4 M, 1x3 M, 2x2 M neu dazu anschlagen und 7x1 M aufnehmen = 41 M. HALSAUSSCHNITT: Bei 30 cm ab Anschlag an der li Kante jede 2. R 1x3 M, 1x2 M abketten und 3x1 M abnehmen. Die Schulter an der re Kante in gleicher Höhe und wie am Rückenteil arbeiten.

RECHTES VORDERTEIL: Gegengleich zum li Vorderteil stricken.

KAPUZE: Anschlag 64 M. Im Muster I stricken. Bei 12 cm ab Anschlag beidseitig 1x25 M abketten = 14 M. Bei 33 cm ab Anschlag alle M abketten.

AUSARBEITEN: Die Nähte schließen. Die Kapuze in den Halsausschnitt nähen. UNTERE BORTE: Mit der Rundstricknadel aus den Anschlag-Kanten und den Rundungen ca. 301 M auffassen (je Vorderteil = 74 M, Rückenteil = 153 M). Im Muster II stricken, dabei die 1. R als Rück-R mit 1 M li beginnen und gegengleich enden. In der 2. R an den Vorderteilen ca. 13 cm ab Schulternaht je 1 Knopfloch wie folgt einstricken: 2 M abketten, ohne sie zu stricken, dann 2 U um die Nadel legen. In der folgenden R die U verschränkt stricken. Bei 2 cm Bortenhöhe die M italienisch abketten. VERSCHLUSS- UND KAPUZENBORTE: Mit der Rundstricknadel ca. 153 M auffassen (je Verschlusskante = 45 M, Kapuzenkante = 63 M). Im Muster II stricken, dabei die 1. R als Rück-R mit 1 M li beginnen und gegengleich enden. Bei 1 cm Bortenhöhe in die re Verschlussborte wie folgt 4 Knopflöcher einstricken: Ab Unterkante 3 M stricken, 2 M abketten, ohne sie zu stricken und 2 U um die Nadel legen. Die U in der folgenden R verschränkt stricken. Dieses Knopfloch mit 11 Zwischen-M noch 3x wiederholen, die R zu Ende stricken. Bei 2 cm Bortenhöhe die M italienisch abketten. Knöpfe annähen.

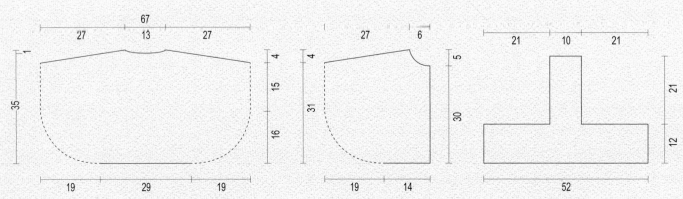

DAMIT FÜHLE ICH MICH WIE EIN FISCH IM WASSER

WARMER LIEBLINGSMANTEL

GRÖSSE:
80–86/92–98/104

MODELLMASSE:
Oberweite 56/60/64 cm
Länge 39/42/45 cm

MATERIAL:
- LANG YARNS MERINO+
  (100 % Schurwolle, LL 90 m / 50 g):
  300/350/400 g Lachs 152.0328
- Stricknadel Nr. 5
- 1 Häkelnadel Nr. 4½
- 1 Zweiwege-Reißverschluss
  ca. 38/40/44 cm lang

MUSTER:
Nadel Nr. 5: Rippen = Vorder- und Rückseite re.

MASCHENPROBE:
Nadel Nr. 5:
17 M = 10 cm breit.
36 R = 10 cm hoch.

DAMIT BIN ICH AUSGEHFEIN

RÜCKENTEIL: Anschlag 60/64/68 M. Im Muster stricken. Für die Taillierung beidseitig jede 22./24./26. R 4x1 M abnehmen = 52/56/60 M. **ARMAUSSCHNITTE:** Bei 26/28/30 cm ab Anschlag (hängend messen) beidseitig 1x2 M abketten und jede 2. R 3x/3x/4x1 M abnehmen = 42/46/48 M. **HALSAUSSCHNITT:** Bei 37/40/43 cm ab Anschlag die mittleren 16/18/18 M abketten und beidseitig davon jede 2. R 1x2 M abketten und 1x1 M abnehmen. **SCHULTERN:** Bei 12/13/14 cm Armausschnitthöhe beidseitig 2x5 M / 1x5 M + 1x6 M / 2x6 M abketten.

LINKES VORDERTEIL: Anschlag 32/34/36 M. Im Muster stricken. Für die Taillierung an der re Kante jede 22./24./26. R 4x1 M abnehmen = 28/30/32 M. Den Armausschnitt und die Schulter an der re Kante in gleicher Höhe und wie am Rückenteil arbeiten. **HALSAUSSCHNITT:** Bei 35/37/40 cm ab Anschlag an der li Kante 1x4 M, 1x3 M und 1x2 M abketten und 4x/5x/5x1 M abnehmen.

RECHTES VORDERTEIL: Gegengleich zum li Vorderteil arbeiten.

ÄRMEL: Anschlag 30/30/32 M. Im Muster stricken. Bei 4 cm ab Anschlag beidseitig 1 M aufnehmen, anschließend für die seitliche Schrägung beidseitig 5x/7x/7x1 M jede 12./10./10. R aufnehmen = 42/46/48 M. **ARMKUGEL:** Bei 21/23/25 cm ab Anschlag beidseitig 3x2 M abketten und jede 2. R 4x/4x/6x1 M abnehmen, anschließend noch 1x3 M und 1x4 M abketten. Bei 5/5/6 cm Armkugelhöhe die restlichen M abketten.

AUSARBEITEN: Nähte schließen. **HALSBORTE:** Aus dem Halsausschnitt ca. 63/67/67 M (= Rückenteil 27/29/29 M, Vorderteile je 18/19/19 M) auffassen und im Muster stricken. Bei 8 cm Bortenhöhe alle M locker abketten. Die Vorderteilkanten und die Schmalseiten der Halsborte bei Bedarf mit 1 R fester M abhäkeln. Den Reißverschluss bis zur Bortenmitte annähen, anschließend die Borte zur Hälfte nach innen nähen. Die Reißverschlussblenden mit 4 M arbeiten. Ärmel einsetzen.

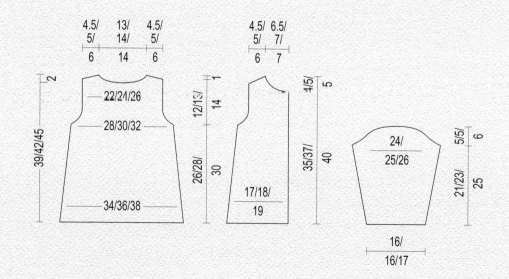

DER WÄRMT MICH AUCH BEI FRISCHEM WIND

DIE GUTE-LAUNE-JACKE

GRÖSSE:
62/68–74/80–86/92

MODELLMASSE:
Oberweite 50/52/56/60 cm
Länge 29/31/33/36 cm

MATERIAL:
- LANG YARNS MERINO 120
  (100 % Schurwolle, LL 120 m / 50 g):
  250/250/300/300 g
  Offwhite 34.0002
- Stricknadel Nr. 4
- 5 Knöpfe

MUSTER:

Nadel Nr. 4: Rippen = Vorder- und Rückseite re.

Die Jacke wird in einem Stück gestrickt.

MASCHENPROBE:

Nadel Nr. 4:
22 M = 10 cm breit.
44 R = 10 cm hoch.

SCHAU MAL, MEINE SEIFENBLASEN,
WIE MUNTER SIE DURCH DIE LUFT HÜPFEN!

KANNST DU
SIE FANGEN?

RÜCKEN- UND VORDERTEILE:
Anschlag 122/126/136/144 M. Im Muster stricken. Bei 7/9/11/14 cm ab Anschlag an der re Kante 1 Knopfloch wie folgt arbeiten: 5 M stricken, die folgenden 2 M abketten, ohne sie zu stricken, 2 U um die Nadel legen und die R beenden. In der Rück-R die U verschränkt stricken. Das Knopfloch noch 4x mit je 22 Zwischen-R wiederholen. Gleichzeitig bei 18/19/20/22 cm ab Anschlag die Arbeit wie folgt teilen: 31/32/35/37 M stricken (= re Vorderteil), 4 M abketten (= Armausschnitt), 56/58/62/66 M stricken (= Rückenteil), 4 M abketten (= Armausschnitt), 31/32/35/37 M stricken (= li Vorderteil). **RE VORDERTEIL:** Im Muster weiterstricken. Bei 11/12/13/14 cm Armausschnitthöhe 1x14/15/16/17 M für die Schulter abketten, die restlichen 17/17/19/20 M für die Kapuze liegen lassen. **RÜCKENTEIL:** Über die mittleren 56/58/62/66 M im Muster weiterstricken, dabei beidseitig die Schulter-M in gleicher Höhe wie am Vorderteil abketten. Die restlichen 24/24/26/28 M für die Kapuze liegen lassen. **LI VORDERTEIL:** Gegengleich zum re Vorderteil arbeiten.

ÄRMEL:
Anschlag 37/37/39/41 M. Im Muster stricken, dabei beidseitig 8x/10x/12x/12x1 M jede 10./8./abwechselnd jede 8. + 10./8. R aufnehmen = 53/57/63/65 M. Bei 20/21/22/23 cm ab Anschlag beidseitig die Höhe bezeichnen. Bei 21/22/23/24 cm ab Anschlag alle M abketten.

KAPUZE:
Die liegen gelassenen 58/58/64/68 M auf 1 Nadel nehmen und im Muster weiterstricken. Nach 2 R wie folgt aufnehmen: 28/28/31/33 M stricken, 2 M aufnehmen (= die 28./28./31./33. M nochmals stricken, dabei 1 R tiefer einstechen, die 29./29./32./34. M stricken, dabei 1 R tiefer einstechen, die M nicht von der Nadel gleiten lassen, die M nochmals stricken), die R beenden = 60/60/66/70 M. Diese Aufnahme noch 5x jede 2. R und 4x jede 4. R immer mit den mittleren 2 M wiederholen = 78/78/84/88 M. Bei 20/20/22/22 cm Kapuzenhöhe die Arbeit in der Mitte teilen. Die beiden Teile aufeinander legen (Rückseite auf Rückseite) und die M im M-Stich schließen.

AUSARBEITEN:
Nähte schließen, dabei unten 1 cm offen lassen. Knöpfe annähen. Ärmel einsetzen.

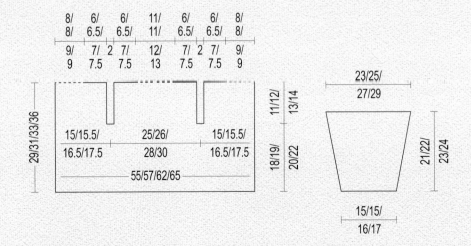

DAMIT FAHRE ICH
BIS ANS ENDE DER WELT

ZWILLINGS-PULLI MIT MÜTZE

**PULLOVER:
VARIANTE IN ROT**

GRÖSSE:
62/68–74/80–86/92–98/104

MODELLMASSE:
Oberweite 48/50/52/54/58 cm
Länge 27/29/31/34/38 cm

MATERIAL:
- LANG YARNS GAMMA
  (100 % Baumwolle, LL 165 m / 50 g):
  150/150/200/200/250 g
  Koralle 837.0029 und
  50 g Rot 837.0061
- Stricknadel Nr. 3½ und 4
- 1 Nadelspiel Nr. 3½

MASCHENPROBE:
Muster I, Nadel Nr. 4:
23 M = 10 cm breit.
33 R = 10 cm hoch.

MUSTER I:
Nadel Nr. 4: glatt re = Vorderseite re,
Rückseite li. In Rd = alle M re.

MUSTER II:
Nadel Nr. 3½: 1 M re, 1 M li.

MUSTER III:
Nadel Nr. 4: glatt li = Vorderseite li,
Rückseite re.

*WIR BEIDE HABEN
FAST DEN GLEICHEN PULLI AN!*

RÜCKENTEIL: Anschlag mit Nadel Nr. 3½ in Rot 58/60/62/66/70 M. 3 R im Muster I stricken, dabei mit 1 Rück-R beginnen. Anschließend im Muster II und Koralle weiterstricken. Bei 3 cm Bortenhöhe im Muster I weiterstricken. **ARMAUSSCHNITTE:** Bei 13/14/15/17/20 cm ab Borte (hängend messen) beidseitig jede 2. R 1x2 M abketten und 4x/4x/4x/4x/5x1 M abnehmen = 46/48/50/54/56 M. **HALSAUSSCHNITT:** Bei 25/27/29/32/36 cm ab Anschlag die mittleren 20/20/22/24/24 M abketten und beidseitig davon noch jede 2. R 2x1 M abnehmen. **SCHULTERN:** Gleichzeitig bei 10/11/12/13/14 cm Armausschnitthöhe beidseitig jede 2. R 1x5 M + 1x6 M / 2x6 M / 2x6 M / 1x6 M + 1x7 M / 2x7 M abketten.

VORDERTEIL: Wie am Rückenteil arbeiten, dabei das Muster II mit 1 Rand-M, 1 M li beginnen. **HALSAUSSCHNITT:** Bei 23/25/27/30/33 cm ab Anschlag die mittleren 12/12/14/16/16 M abketten und beidseitig davon jede 2. R 1x2 M abketten und 4x1 M abnehmen. Die Schultern in gleicher Höhe und wie am Rückenteil arbeiten.

ÄRMEL: Anschlag mit Nadel Nr. 3½ in Rot 36/38/38/40/42 M. 3 R im Muster I stricken, dabei mit einer Rück-R beginnen. Anschließend im Muster II und Koralle weiterstricken. Bei 3 cm Bortenhöhe im Muster I weiterstricken. Für die seitliche Schrägung beidseitig 5x1 M jede 12. R / 6x1 M jede 10. R / 8x1 M jede 8. R / 9x1 M jede 8. R / 10x1 M jede 8. R aufnehmen = 46/50/54/58/62 M. ARMKUGEL: Bei 23/23/25/27/29 cm ab Anschlag beidseitig jede 2. R 1x/2x/2x/2x/3x2 M abketten und 9x/9x/10x/11x/11x1 M abnehmen, anschließend noch 2x4 M abketten. Bei 7/8/8/9/10 cm Armkugelhöhe die restlichen M abketten.

AUSARBEITEN: Nähte schließen. HALSBORTE: Mit dem Nadelspiel ca. 64/64/68/72/74 M in Koralle auffassen (= Vorderteil 36/36/38/40/42 M, Rückenteil 28/28/30/32/32 M). Im Muster II rundstricken. Bei 3 cm Bortenhöhe noch 3 Rd im Muster I in Rot stricken und anschließend alle M locker abketten. Ärmel einsetzen.

MATERIAL:
- LANG YARNS GAMMA
  (100 % Baumwolle, LL 165 m / 50 g):
  150/150/200/200/250 g
  Orange 837.0059
  und 50 g Pink 837.0065

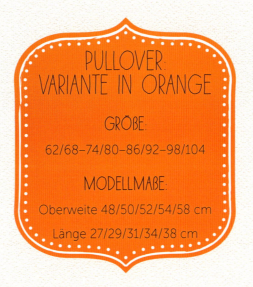

PULLOVER:
VARIANTE IN ORANGE

GRÖSSE:
62/68–74/80–86/92–98/104

MODELLMASSE:
Oberweite 48/50/52/54/58 cm
Länge 27/29/31/34/38 cm

Der Pulli wird wie oben gestrickt, anstelle von Koralle wird Orange und anstelle von Rot Pink verwendet. Anders als der Pulli in Koralle wird dieser links gestrickt. D. h. ab 3 cm Bortenhöhe Rücken- und Vorderteil sowie Ärmel im Muster III weiterstricken.

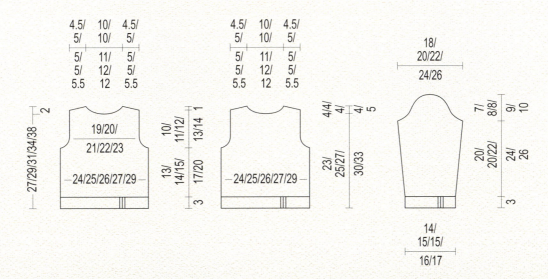

MANCHMAL MACHEN WIR AUCH PULLI-TAUSCH

BUNTE HÄKELMÜTZE

Kopfumfang ca. 44 cm

AUSFÜHRUNG: Anschlag 3 Luft-M. Die M zur Rd schließen. **1. RD:** 8 halbe Stäbchen in den Anfangsring häkeln = 9 M. **2. RD:** In jede M 2 halbe Stäbchen häkeln = 18 M. **3. RD:** *2 halbe Stäbchen, in die folgende M 2 halbe Stäbchen *, von * zu * stets wiederholen = 24 M. **4. RD:** *3 halbe Stäbchen, in die folgende M 2 halbe Stäbchen *, von * zu * stets wiederholen = 30 M. **5. RD:** *4 halbe Stäbchen, in die folgende M 2 halbe Stäbchen häkeln * von * zu * stets wiederholen = 36 M. **6. RD:** *5 halbe Stäbchen, in die folgende M 2 halbe Stäbchen häkeln * von * zu * stets wiederholen = 42 M. **7. RD:** *6 halbe Stäbchen, in die folgende M 2 halbe Stäbchen häkeln * von * zu * stets wiederholen = 48 M. Gerade weiterhäkeln. Nach 16 Rd die Mütze wenden und 1 Rd feste M häkeln.

MATERIAL:

- LANG YARNS SOL DÉGRADÉ (100 % Baumwolle, LL 180 m / 100 g): 100 g Orange-Grün-Rosa 783.0065 oder Türkis-Rot-Orange 783.0027
- Häkelnadel Nr. 5½

MUSTER:

Nadel Nr. 5½: halbe Stäbchen

TIPP:

Jede Runde mit einer Kett-M beenden und die neue Runde mit 1 Luft-M als Ersatz für das erste halbe Stäbchen beginnen.

MEINE LIEBSTE STRICKJACKE

GRÖSSE:
68–74/80–86/92–98/104

MODELLMASSE:
Oberweite 52/54/56/60 cm
Länge 28/30/33/35 cm

MATERIAL:
- LANG YARNS CASHMERE PREMIUM (100 % Kaschmir, LL 115 m / 25 g): 100/100/125/125 g Koralle 78.0028
- Stricknadel Nr. 3½ und 4
- 4 Knöpfe

MUSTER I:
Nadel Nr. 3½: 1 M re, 1 M li.

MUSTER II:
Nadel Nr. 4: glatt re = Vorderseite re, Rückseite li.

TIPP:
Betonte Abnahme: re Kante = 1 Rand-M, 1 M re, 1 überzogene Abnahme. Li Kante = 2 M re zusammenstricken, 1 M re, 1 Rand-M.

MASCHENPROBE:
Muster II, Nadel Nr. 4:
22 M = 10 cm breit.
34 R = 10 cm hoch.

DIE KANN ICH SCHON
GANZ ALLEINE ZUKNÖPFEN!

RÜCKENTEIL
Anschlag 60/62/64/68 M. Im Muster I stricken. Bei 3 cm Bortenhöhe im Muster II weiterstricken.
ARMAUSSCHNITTE: Bei 17/18/20/21 cm ab Anschlag (hängend messen) beidseitig jede 2. R 1x2 M abketten und 6x1 M betont abnehmen (s. Tipp) = 44/46/48/52 M. **SCHULTERN:** Bei 10/11/12/13 cm ab Armausschnitthöhe beidseitig jede 2. R 2x5 M / 2x5 M / 2x5 M / 1x5 M + 1x6 M abketten. **HALSAUSSCHNITT:** Gleichzeitig mit Schulterbeginn die mittleren 20/22/24/26 M abketten und beidseitig davon nach 2 R noch 1x2 M abketten.

LINKES VORDERTEIL
Anschlag 30/32/34/36 M. Im Muster I stricken, dabei mit 1 M li beginnen. Bei 3 cm ab Anschlag im Muster II weiterstricken. Bei 9 cm ab Anschlag für die **TASCHENBORTE** wie folgt weiterstricken: 1 Rand-M, 4/5/6/7 M Muster II, 19 M im Muster I, dabei mit 1 M li beginnen, 5/6/7/8 M Muster II, 1 Rand-M. Nach 2 cm über die mittleren 19 M noch 3 R im Muster II stricken, die restlichen M liegenlassen. Anschließend diese 19 M locker abketten. Für die **TASCHENINNENSEITE** die 19 M der Tasche bei 3 cm ab Anschlag (= letzte Borten-R) von der Rückseite her wieder auffassen und im Muster II stricken. Bei 8 cm Taschenhöhe diese M anstelle der abgeketteten M einfügen und wieder über alle M im Muster II weiterstricken. Den **ARMAUSSCHNITT** an der re Kante in gleicher Höhe und wie am Rückenteil arbeiten = 22/24/26/28 M. **HALSAUSSCHNITT:** Gleichzeitig mit Armausschnittbeginn an der li Kante abwechselnd jede 2. und 4. R 12x1 M / abwechselnd jede 2. und 4. R 14x1 M / jede 2. R 9x1 M + jede 4. R 7x1 M / jede 2. R 10x1 M + jede 4. R 7x1 M betont abnehmen (s. Tipp). Die Schulter in gleicher Höhe und wie am Rückenteil schrägen.

RECHTES VORDERTEIL
Gegengleich zum li Vorderteil arbeiten.

ÄRMEL
Anschlag 34/34/38/40 M. Im Muster I stricken. Bei 3 cm Bortenhöhe im Muster II weiterstricken. Für die seitliche Schrägung beidseitig abwechselnd jede 6. + 8. R 8x1 M / jede 6. R 9x1 M / jede 8. R 8x1 M / abwechselnd jede 6. + 8. R 9x1 M aufnehmen = 50/52/54/58 M. **ARMKUGEL:** Bei 20/21/22/24 cm ab Anschlag beidseitig jede 2. R 1x2 M abketten und 9x/9x/12x/12x1 M abnehmen, anschließend noch 1x2 M, 1x3 M und 1x4 M abketten. Bei 8/8/9/9 cm Armkugelhöhe die restlichen M abketten.

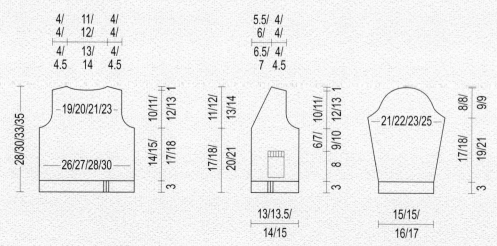

AUSARBEITEN: Nähte schließen. VERSCHLUSSBORTE: Mit Nadel Nr. 3½ ca. 199/213/227/241 M auffassen (=ab Unterkante bis Ausschnitt 55/58/61/64 M, Ausschnitt 32/35/38/41 M, Rückenteil 25/27/29/31 M, Ausschnitt 32/35/38/41 M, Ausschnitt bis Unterkante 55/58/61/64 M). Im Muster I stricken. Bei ca. 1,5 cm Bortenhöhe in die re Verschlussborte verteilt 4 Knopflöcher wie folgt einstricken: Ab Unterkante 4 M stricken, die folgenden 2 M abketten, ohne sie zu stricken, 2 U um die Nadel legen. Dieses Knopfloch mit 13/14/15/16 Zwischen-M noch 3x wiederholen, die R zu Ende stricken. In der folgenden R die U verschränkt stricken. Bei 3 cm Bortenhöhe noch 3 R im Muster II stricken, dabei mit einer Rück-R beginnen, anschließend alle M locker abketten. Ärmel einsetzen. Knöpfe annähen.

KAPUZENWESTE FÜR RABAUKEN

GRÖSSE:
74/80–86/92–98/104

MODELLMASSE:
Oberweite 54/58/64/68 cm
Länge 29/31/33/35 cm

MATERIAL:
- LANG YARNS BABY COTTON (100 % Baumwolle, LL 180 m / 50 g): 100/150/150/200 g Grün-Braun meliert 786.0024
- Stricknadel Nr. 3 und 3½
- 1 Nadelspiel Nr. 3
- 2 Knöpfe

MASCHENPROBE:
Muster II, Nadel Nr. 3½:
29 M = 10 cm breit.
38 R = 10 cm hoch.

MUSTER I:
Nadel Nr. 3: 1 Rand-M, *1 M li, 2 M re, 1 M li*, von * zu * stets wiederholen, enden mit 1 Rand-M. In den folgenden R die M stricken, wie sie erscheinen. In Rd = 2 M re, 2 M li.

MUSTER II:
Nadel Nr. 3½: glatt re = Vorderseite re, Rückseite li.

*KAPUZEN FINDE ICH TOLL!
DIE SIND SO GEMÜTLICH!*

RÜCKENTEIL: Anschlag 90/98/106/114 M. Im Muster I stricken. Bei 2 cm ab Anschlag im Muster II weiterstricken, dabei in der 1. R verteilt 8/10/10/12 M abnehmen = 82/88/96/102 M. **ARMAUSSCHNITTE:** Bei 16/17/18/20 cm ab Anschlag (hängend messen) beidseitig jede 2. R 3x2 M abketten und 3x/3x/4x/4x1 M abnehmen = 64/70/76/82 M. **SCHULTERN:** Bei 12/13/14/14 cm Armausschnitthöhe beidseitig jede 2. R 2x5 M + 1x6 M / 3x6 M / 2x6 M + 1x7 M / 3x7 M abketten. **HALSAUSSCHNITT:** Gleichzeitig mit Schulterbeginn die mittleren 24/26/30/32 M abketten und beidseitig davon jede 2. R noch 2x2 M abketten.

VORDERTEIL: Anschlag 90/98/106/114 M. Im Muster I stricken. Bei 2 cm ab Anschlag im Muster II weiterstricken, dabei in der 1. R verteilt 8/10/10/12 M abnehmen = 82/88/96/102 M. Bei 9,5/9,5/10,5/10,5 cm ab Anschlag für die Taschenborte in folgender Mustereinteilung weiterstricken: 1 Rand-M, 7/10/10/13 M Muster II, 16 M Muster I, 34/34/42/42 M Muster II, 16 M Muster I, 7/10/10/13 M Muster II, 1 Rand-M. Nach 1,5 cm in dieser Einteilung die 16 M im Muster I abketten, die restlichen M liegen lassen. Für die Tascheninnenseite die 16 M der Tasche in 4 cm ab Anschlag von der Rückseite her wieder auffassen und im Muster II stricken. Bei 7 cm Taschenhöhe die M anstelle der abgeketteten M einfügen und wieder über alle M im Muster II stricken. Die Armausschnitte in gleicher Höhe und wie am Rückenteil arbeiten. **SCHLITZ:** Bei 20/22/23/25 cm ab Anschlag die mittleren 4 M abketten und beide Teile separat beenden = je 30/33/36/39 M. Gerade weiterstricken. **HALSAUSSCHNITT:** Bei 26/28/29/31 cm ab Anschlag an der Ausschnittkante jede 2. R 1x4/5/7/8 M, 1x4 M, 1x3 M, 1x2 M und 1x1 M abketten. Die Schultern in gleicher Höhe und wie am Rückenteil schrägen.

KAPUZE: Anschlag 126/126/132/132 M. Im Muster I stricken. Bei 2 cm ab Anschlag im Muster II weiterstricken. Bei 14/14/15/15 cm ab Anschlag beidseitig jede 2. R 3x17 M / 3x17 M / 1x18 M + 2x17 M / 1x18 M + 2x17 M abketten. Bei 32/32/33/33 cm ab Anschlag die restlichen 24/24/28/28 M abketten.

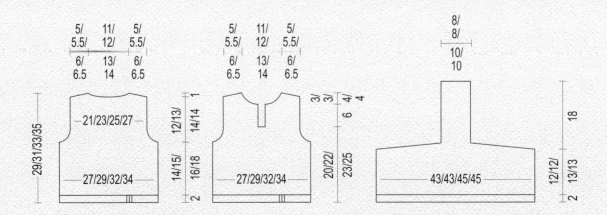

AUSARBEITEN: Nähte schließen. **SCHLITZBORTE:** Aus den Schlitzkanten je 22 M auffassen. Im Muster I stricken. Bei 1 cm Bortenhöhe in die re Schlitzborte verteilt 2 Knopflöcher wie folgt einstricken: 5 M stricken, die folgenden 2 M re verschränkt zusammenstricken, 1 U, 10 M stricken, die folgenden 2 M re verschränkt zusammenstricken, 1 U, 3 M stricken. Bei 2 cm Bortenhöhe alle M abketten. Die Knopfborte hinter der Knopflochborte an die Schmalkante des Schlitzes nähen. Aus den Armausschnittkanten je 72/76/80/80 M auffassen und im Muster I rundstricken. Bei 2 cm Bortenhöhe die M abketten. Kapuze in den Halsausschnitt nähen, dabei in der Mitte der Schmalkante der Schlitzborte beginnen und enden. Knöpfe annähen.

EIN ECHTER ARBEITS-PULLUNDER

MATERIAL:
- LANG YARNS MERINO 120 COLOR (100 % Schurwolle, LL 120 m / 50 g): 150/200 g Blau-Grau 151.0020
- Stricknadel Nr. 2½, 3½ und 4
- 1 kurze Rundstricknadel Nr. 3½
- 1 Hilfsnadel

MUSTER I:
Nadel Nr. 3½: 1 M re, 1 M li.

MUSTER II:
Nadel Nr. 4: Längsrippen: *1 M li, 4 M re, 1 M li*, von * zu * stets wiederholen. In den folgenden R die M stricken, wie sie erscheinen.

MUSTER III:
Nadel Nr. 4: Längsrippen mit Zopf:
1. R Vorderseite: *1 M li, 4 M re, 1 M li*, von * zu * stets wiederholen.
2. R: Rückseite: Die M stricken, wie sie erscheinen. 3. R: *1 M li, 4 M nach re kreuzen (2 M auf 1 Hilfsnadel hinter die Arbeit legen, 1 M aufnehmen, die folgenden 2 M re, 1 M aufnehmen, dann die M der Hilfsnadel re stricken), 2 M li, 4 M re, 1 M li*, von * zu * stets wiederholen, enden mit 4 M nach re kreuzen (2 M auf 1 Hilfsnadel hinter die Arbeit legen, 1 M aufnehmen, die folgenden 2 M re, 1 M aufnehmen, dann die M der Hilfsnadel re stricken), 1 M li.
4.–8. R: Die M stricken, wie sie erscheinen. 9. R: *1 M li, 6 M nach re kreuzen (3 M auf 1 Hilfsnadel hinter die Arbeit legen, die folgenden 3 M re, dann die M der Hilfsnadel re stricken), 2 M li, 4 M re, 1 M li*, von * zu * stets wiederholen, enden mit 6 M nach re kreuzen (3 M auf 1 Hilfsnadel hinter die Arbeit legen, die folgenden 3 M re, dann die M der Hilfsnadel re stricken), 1 M li. Die 4.–9. R stets wiederholen.

TIPP:
Beim letzten Zopfen stets die aufgenommenen M wieder abnehmen = 2x2 M re zusammenstricken.

MASCHENPROBE:
Muster II, Nadel Nr. 4:
25 M = 10 cm breit.
30 R = 10 cm hoch.

GRÖSSE:
80–86/92–98

MODELLMASSE:
Oberweite 56/64 cm
Länge 33/39 cm

RÜCKENTEIL
Anschlag italienisch 38/44 M mit Nadel Nr. 2½ = 74/86 M, nach 4 R im Muster I weiterstricken. Bei 2 cm ab Anschlag in folgender Mustereinteilung weiterstricken: 1 Rand-M, 36/42 M Muster II, 36/42 M Muster III, 1 Rand-M = 80/94 M nach 3 R. Bei 14/16 cm ab Borte in folgender Mustereinteilung weiterstricken: 1 Rand-M, 78/92 M Muster III, 1 Rand-M = 86/100 M nach 3 R, dabei mit 1 Rand-M, 1 M li, 4 M nach re kreuzen, 2 M li beginnen. Bei 18/20 cm ab Anschlag in folgender Mustereinteilung weiterstricken: 1 Rand-M, 42/50 M Muster III, 36/42 M Muster II, 1 Rand-M.

ARMAUSSCHNITTE: Bei 19/23 cm ab Anschlag beidseitig jede 2. R 1x2/3 M abketten und 4x/5x1 M abnehmen = 66/76 M.

SCHULTERN: Bei 12/14 cm Armausschnitthöhe beidseitig jede 2. R 2x8 M / 2x9 M abketten. **HALSAUSSCHNITT:** Gleichzeitig mit Schulterbeginn die mittleren 24/26 M abketten und beidseitig davon noch jede 2. R 1x2 M und 1x1 M abketten.

VORDERTEIL
Wie das Rückenteil stricken. **HALSAUSSCHNITT:** Bei 23/27 cm ab Anschlag die Arbeit in der Mitte teilen und beide Teile separat beenden. Für die Schrägung in jeder 2. R 15x/16x 1 M abnehmen. **ARMAUSSCHNITT UND SCHULTERN:** Wie beim Rückenteil arbeiten.

AUSARBEITEN
Nähte schließen. **HALSBORTE:** Mit der Rundstricknadel ca. 96/108 M (= Rücken ca. 30/34 M, Vorderteil je ca. 33/41 M) auffassen. Im Muster I rundstricken, dabei die Mittel-M stets re stricken und jede 2. Rd wie folgt 2 M abnehmen: Die Mittel-M mit der vorhergehenden M zusammen re abheben, die folgende M re stricken, die abgehobenen M überziehen. Bei ca 2 cm Bortenhöhe italienisch abketten. **ARMAUSSCHNITTE:** Aus den Armausschnitt-Kanten je ca. 60/64 M auffassen und im Muster I rundstricken, bei ca. 2 cm Bortenhöhe italienisch abketten.

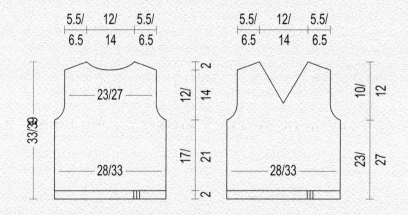

ICH FÜHLE MICH SCHON
GANZ GROSS UND STARK!

KUNTERBUNTER RINGELPULLI

GRÖSSE:
80–86/92–98/104

MODELLMAßE:
Oberweite 54/58/62 cm
Länge 41/44/47 cm

MATERIAL:
- LANG YARNS SOL DÉGRADÉ
  (100% Baumwolle, LL 180 m / 100 g):
  200/200/300 g Blau 783.0006
- Stricknadel Nr. 5½ und 6
- 1 Nadelspiel Nr. 5½

<u>Farbvarianten:</u>
- Rot-Orange 783.0060,
  Braun-Violett 783.0068,
  Grün-Rot-Orange 783.0027

MUSTER I:
Nadel Nr. 5½: Rippen = Vorder- und Rückseite re.

MUSTER II:
Nadel Nr. 6: Querrippen: *1 R re, 1 R li, 2 R re*, von * zu * stets wiederholen.

MASCHENPROBE:
Muster II, Nadel Nr. 6:
17 M = 10 cm breit.
26 R = 10 cm hoch.

BLAU, BLAU, BLAU
SIND ALLE MEINE KLEIDER...

ROT, GELB, BLAU ODER KUNTERBUNT,
DER PULLI GEFÄLLT UNS ALLEN GUT!

RÜCKENTEIL
Anschlag 48/52/56 M. Im Muster I stricken. Bei 2 cm ab Anschlag im Muster II weiterstricken. **ARMAUSSCHNITTE**: Bei 29/31/33 cm ab Anschlag (hängend messen) beidseitig jede 2. R 1x2 M abketten und 4x1 M abnehmen = 36/40/44 M. **SCHULTERN**: Bei 12/13/14 cm Armausschnitthöhe beidseitig jede 2. R 2x4 M / 2x4 M / 2x5 M abketten. **HALSAUSSCHNITT**: Gleichzeitig mit Schulterbeginn die mittleren 16/20/20 M abketten und beidseitig davon noch 1x2 M abketten.

VORDERTEIL
Wie das Rückenteil stricken. **HALSAUSSCHNITT**: Bei 37/40/42 cm ab Anschlag die mittleren 10/14/14 M abketten und beidseitig davon jede 2. R noch 1x2 M abketten und 3x1 M abnehmen. Die Schultern in gleicher Höhe und wie am Rückenteil schrägen.

ÄRMEL
Anschlag 28/30/32 M. Im Muster I stricken. Bei 2 cm ab Anschlag im Muster II weiterstricken. Für die seitliche Schrägung beidseitig jede 10./10./12. R 5x1 M aufnehmen = 38/40/42 M. **ARMKUGEL**: Bei 22/24/26 cm ab Anschlag (in einer gleichen R wie am Rückenteil) beidseitig jede 2. R 1x2 M, 3x/4x/4x1 M, 2x2 M und 2x3 M abketten. Bei 6/7/7 cm Armkugelhöhe die restlichen M locker abketten.

AUSARBEITEN
Nähte schließen. **HALSBORTE**: Mit dem Nadelspiel ca. 48/56/56 M auffassen (Rückenteil = 20/24/24 M, Vorderteil = 28/32/32 M). 1 Rd li stricken, anschließend alle M li abketten. Ärmel einsetzen.

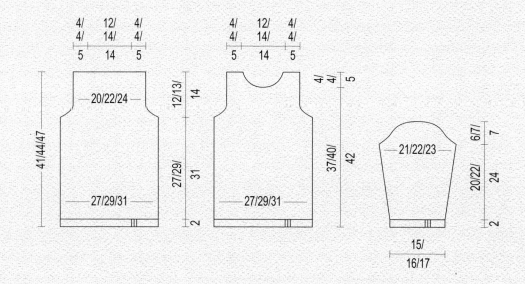

AM LIEBSTEN MAG ICH REGENBOGEN-FARBEN!

BUNTE SPIELPULLIS

**VARIANTE I:
MIT RUNDHALSAUSSCHNITT**

GRÖßE:
62/68–74/80–86/92–98/104

MODELLMAßE:
Oberweite 48/50/52/54/58 cm
Länge 27/29/31/34/38 cm

MATERIAL:
- LANG YARNS MERINO 400 LACE
  (100 % Schurwolle, LL 200 m /25 g):
  50/50/75/75/100 g
  Orange 796.0059
- Stricknadel Nr. 2½ und 3
- 1 Nadelspiel Nr. 2½

MUSTER I:
Nadel Nr. 3: glatt re = Vorderseite re, Rückseite li.

MUSTER II:
Nadel Nr. 2½: 1 M re, 1 M li.

TIPP:
Betonte Abnahme: Re Kante:
1 Rand-M, 2 M re, 2 M re zusammenstricken. Li Kante = 1 überzogene Abnahme, 2 M re, 1 Rand-M.

MASCHENPROBE:
Muster I, Nadel Nr. 3:
30 M = 10 cm breit.
40 R = 10 cm hoch.

**GLEICH KOMMT
MEINE FREUNDIN ZU BESUCH**

RÜCKENTEIL: Anschlag 75/77/79/83/89 M mit Nadel Nr. 2½. 4 R im Muster I stricken, anschließend im Muster II weiterstricken. Bei 3 cm ab Anschlag im Muster I weiterstricken. **ARMAUSSCHNITTE:** Bei 16/17/18/20/23 cm ab Anschlag (hängend messen) beidseitig jede 2. R 1x2 M abketten und 5x/5x/5x/5x/7x1 M betont abnehmen (s. Tipp) = 61/63/65/69/71 M. **HALSAUSSCHNITT:** Bei 25/27/29/32/36 cm ab Anschlag die mittleren 21/21/23/25/25 M abketten und beidseitig davon noch jede 2. R 1x2 M abketten und 3x1 M abnehmen. **SCHULTERN:** Gleichzeitig bei 10/11/12/13/14 cm Armausschnitthöhe beidseitig jede 2. R 1x7 M + 1x8 M / 2x8 M / 2x8 M / 1x8 M + 1x9 M / 2x9 M abketten.

VORDERTEIL: Wie am Rückenteil arbeiten, dabei das Muster II mit 1 M li beginnen. **HALSAUSSCHNITT:** Bei 23/25/27/30/33 cm ab Anschlag die mittleren 19/19/21/23/23 M abketten und beidseitig davon jede 2. R noch 1x2 M abketten und 3x1 M abnehmen, nach 4 R noch 1x1 M abnehmen. Die Schultern in gleicher Höhe und wie am Rückenteil arbeiten.

ÄRMEL: Anschlag 44/48/48/50/54 M mit Nadel Nr. 2½. 4 R im Muster I stricken, anschließend im Muster II weiterstricken. Bei 3 cm ab Anschlag im Muster I weiterstricken. Für die seitliche Schrägung beidseitig 6x1 M jede 12.R / 7x1 M jede 10. R / 10x1 M jede 8. R / 12x1 M abwechselnd jede 6. + 8. R / 13x1 M abwechselnd jede 6. + 8. R aufnehmen = 56/62/68/74/80 M. **ARMKUGEL:** Bei 23/23/25/27/29 cm ab Anschlag beidseitig 1x/1x/2x/2x/2x2 M abketten und anschließend jede 2. R abwechselnd 6x/7x/7x/8x/9x (1x2 M und 1x1 M) abketten = total je 18/21/21/24/27 M. Bei 7/8/8/9/10 cm Armkugelhöhe die restlichen M locker abketten.

AUSARBEITEN: Nähte schließen. **HALSBORTE:** Mit dem Nadelspiel ca. 90/92/94/96/100 M (= Vorderteil 47/49/49/51/53 M, Rückenteil 43/43/45/47/47 M) auffassen. Im Muster II rundstricken. Bei 2 cm Bortenhöhe noch 3 Rd im Muster I stricken, dann die M locker abketten. Ärmel einsetzen.

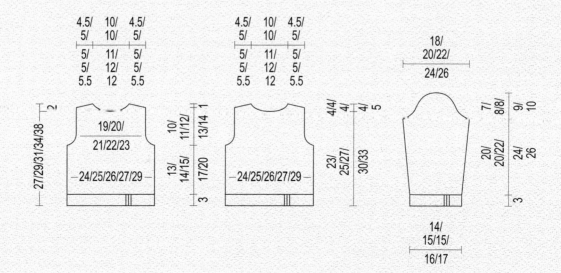

SOLL ICH DEN ORANGEFARBENEN ANZIEHEN
... ODER DEN IN PINK? ES SIND JA BEIDE SO SCHÖN!

**VARIANTE II:
MIT V-AUSSCHNITT**

GRÖSSE:
62/68–74/80–86/92–98/104

MODELLMASSE:
Oberweite 48/50/52/54/58 cm
Länge 27/29/31/34/38 cm

MATERIAL:
- LANG YARNS MERINO 400 LACE (100 % Schurwolle, LL 200 m / 25 g): 50/50/75/75/100 g Himbeer 796.0065
- Stricknadel Nr. 2½ und 3
- 1 Nadelspiel Nr. 2½

Der Pulli wird wie das Rundhals-Modell gestrickt. Am **VORDERTEIL** den **V-AUSSCHNITT** wie folgt einarbeiten: Bei 19/20/21/24/27 cm ab Anschlag die Mittel-M liegen lassen und beide Seiten separat fertig stricken. Für die Schrägungen beidseitig jede 2. R 15x/15x/16x/17x/17x1 M betont abnehmen. Die Schultern in gleicher Höhe wie beim Rundhals-Modell arbeiten. Bei der **HALSBORTE** wird die liegen gelassene Mittel-M wieder mit aufgenommen.

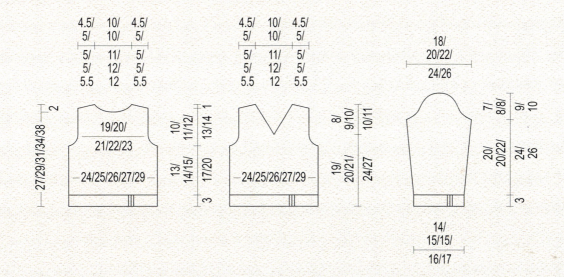

AUTODECKE

GRÖSSE:
ca. 65 x 90 cm

MATERIAL:
- LANG YARNS MERINO 70
  (98 % Schurwolle, 2 % Polyester,
  LL 70 m / 50 g):
  600 g Sand 733.0096
- LANG YARNS MERINO 150
  (100 % Schurwolle, LL 150 m / 50 g):
  je 50 g Schwarz 197.0004,
  Blau 197.0106, Türkis 197.0079,
  Rot 197.0160, Pink 197.0085
  und Orange 197.0059
- Häkelnadel Nr. 3 und 5

HÄKELMUSTER I:
Nadel Nr. 5 (Merino 70): feste M häkeln, dabei immer nur in das vordere Maschenglied einstechen

HÄKELMUSTER II:
Nadel Nr. 3 (Merino 150): Karosserie: Gemäß Häkelschrift häkeln. 1x die 1.–19. R häkeln, anschließend die Arbeit um 90 Grad drehen und für die M der 20. R in die Zwischenräume der R einstechen. Mit der 21. R das Dach beenden.

HÄKELMUSTER III:
Nadel Nr. 3 (Merino 150): Räder:
Mit Schwarz in einen Fadenring
1 Luft-M und 5 feste M häkeln,
mit 1 Kett-M zur Rd schließen.
1 Wende-Luft-M, 1 feste M in die Kett-M der Vor-Rd, 2 feste M in jede feste M der Vor-Rd häkeln, die Rd mit 1 Kett-M schließen.

MASCHENPROBE:
Häkel-Muster I, Nadel Nr. 5:
16 M = 10 cm breit.
12 R = 10 cm hoch.

AUSFÜHRUNG (DECKE): Anschlag mit Merino 70 104 Luft-M + 1 Luft-M zum Wenden. Im Häkel-Muster I häkeln. Bei ca. 90 cm ab Anschlag die Arbeit beenden.

AUTOS: 15 Autos mit Merino 150 in verschiedenen Farben häkeln. Die Räder an die Karosserie nähen. Anschließend die Autos auf die Decke (gemäß Foto) nähen.

MUSTER II

c = 1 Kett-M
• = 1 Luft-M
| = 1 feste M
† = 1 Doppeltes Stäbchen

Laufen die Zeichen unten zusammen, die Maschen in 1 Einstichstelle arbeiten.

MIT DER DECKE BRAUSE ICH DURCHS GANZE LAND!

TIERISCHES PULLI-VERGNÜGEN

GRÖSSE:
62/68–74/80–86/92–98/104

MODELLMASSE:
Oberweite 52/56/60/64/66 cm
Länge 29/31/34/38/41 cm

MATERIAL FÜR PULLOVER MIT KATZENGESICHT:

- LANG YARNS MERINO 150 (100 % Schurwolle, LL 150 m / 50 g): 150/200/250/250/300 g Cognac 197.0411
- MERINO 120 (100 % Schurwolle, LL 120 m / 50 g): 50 g Schwarz 34.0004
- Stricknadel Nr. 3 und 3½
- 1 Nadelspiel Nr. 3
- 6 Knöpfe (nur für Größe 62/68–74).

MATERIAL EULENPULLOVER:

- LANG YARNS MERINO 150 (100 % Schurwolle, LL 150 m / 50 g): 100/150/150/200/200 g Beige 197.0196
- MERINO 120 (100 % Schurwolle, LL 120 m / 50 g): je 50 g Schwarz 34.0004 und Gelb 34.0149.

MATERIAL PULLOVER MIT HUNDEGESICHT:

- LANG YARNS MERINO 150 (100 % Schurwolle, LL 150 m / 50 g): 100/150/150/200/200 g Beige 197.0196
- MERINO 120 (100 % Schurwolle, LL 120 m / 50 g): 50 g Schwarz 34.0004.

HINWEIS:

Die drei Modelle werden alle nach derselben Anleitung gestrickt. Das Tiermotiv wird nach Fertigstellung auf die Vorderseite aufgestickt (s. entsprechende Stickschrift).

MUSTER I:

Nadel Nr. 3: 1 M re, 1 M li.

MUSTER II:

Nadel Nr. 3½: glatt re = Vorderseite re, Rückseite li.

MASCHENPROBE:

Muster II, Nadel Nr. 3½:
26 M = 10 cm breit.
34 R = 10 cm hoch.

TIPP:

Die Knopfpartie auf der Schulter wird nur für die Größen 62/68–74 gestrickt.

KLEINE EULE, FRECHE KATZE, HUNDI MIT DER GROßEN TATZE –
ALLE HAB ICH GERN!

RÜCKENTEIL: Anschlag 70/76/80/86/90 M. Im Muster I stricken. Bei 3 cm ab Anschlag im Muster II weiterstricken.
ARMAUSSCHNITTE: Bei 16/18/20/23/26 cm ab Anschlag (hängend messen) beidseitig jede 2. R 1x2 M abketten und 4x/5x/5x/5x/5x1 M abnehmen = 58/62/66/72/76 M.
HALSAUSSCHNITT (Grösse 62 / 68–74): Bei 27/29 cm ab Anschlag die mittleren 28 M abketten und ab der folgenden Rück-R die je 15/17 Schulter-M im Muster I stricken. Nach 7 R die M italienisch abketten.
SCHULTERN UND HALSAUSSCHNITT (Grösse 80–86, 92–98 und 104): Bei 12/13/13 cm Armausschnitthöhe beidseitig jede 2. R 2x9 M / 1x10 M + 1x11 M / 1x10 M + 1x11 M abketten. Gleichzeitig mit Schulterbeginn für den Halsausschnitt die mittleren 26/26/30 M abketten und beidseitig davon jede 2. R noch 2x1 M abnehmen.

VORDERTEIL: Wie das Rückenteil stricken. **HALSAUSSCHNITT:** Bei 25/27/29/33/36 cm ab Anschlag die mittleren 12/12/14/14/18 M abketten und beidseitig davon jede 2. R noch 1x3 M, 1x2 M abketten und 3x1 M abnehmen. Für Größe 62 / 68–74 die Schulter-M im Muster I in gleicher Höhe wie beim Rückenteil stricken, dabei nach 3 R verteilt 2 Knopflöcher wie folgt einstricken: 3 M stricken, die folgenden 2 M abketten, ohne sie zu stricken und 2 U um die Nadel legen. Dieses Knopfloch mit 5/7 Zwischen-M noch 1x wiederholen, die R zu Ende stricken. In der folgenden Reihe die U verschränkt stricken. Nach 7 R die M italienisch abketten. Für Größe 80–86, 92–98 und 104 die Schultern in gleicher Höhe und wie beim Rückenteil schrägen.

ÄRMEL: Anschlag 38/40/42/46/46 M. Im Muster I stricken. Bei 3 cm ab Anschlag im Muster II weiterstricken. Für die seitliche Schrägung beidseitig 8x1 M jede 6. R / 8x1 M abwechselnd jede 6. + 8. R / 8x1 M jede 8. R / 6x1 M jede 12. R / 6x1 M jede 8. R + 3x1 M jede 10. R zunehmen = 54/56/58/58/64 M. **ARMKUGEL:** Bei 19/21/23/25/27 cm ab Anschlag beidseitig jede 2. R 1x3 M, 3x/3x/5x/5x/5x2 M und 2x3 M und 1x4 M abketten. Bei 4/4/5/5/5 cm Armkugelhöhe die restlichen M abketten.

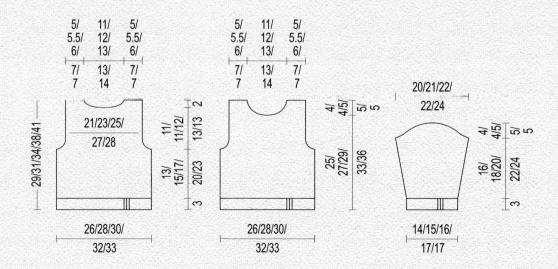

AUSARBEITEN: Das Motiv mit Merino 120 gemäß Stickschrift in die Mitte des Vorderteils aufsticken (s. Foto). Nähte schließen, dabei die Schulternähte nur für Größe 80–86/92–98/104 schließen. **HALSBORTE** (Größe 62 und 68–74): Mit Nadel Nr. 3 aus dem Rückenteil inkl. Schmalkanten der Borte 43/45 M auffassen und im Muster I stricken, dabei die 1. R als Rück-R mit 1 Rand-M, 1 M re, beginnen und gegengleich enden. Bei 2 cm Bortenhöhe alle M italienisch abketten. Aus dem Vorderteil inkl. Schmalkanten der Borte 49/51 M auffassen und im Muster I stricken. Bei 1 cm Bortenhöhe beidseitig je 1 Knopfloch wie folgt einstricken: 3 M stricken, die folgenden 2 M abketten, ohne sie zu stricken, 2 U um die Nadel legen, 33/35 M stricken, die folgenden 2 M abketten, ohne sie zu stricken, 2 U um die Nadel legen, die R zu Ende stricken. In der Rück-R die U verschränkt stricken. Bei 2 cm Bortenhöhe die M italienisch abketten. **HALSBORTE** (Größe 80–86, 92–98 und 104): Mit dem Nadelspiel 94/94/98 M auffassen (Rückenteil = 41/41/43 M, Vorderteil = 53/53/55 M). Im Muster I rundstricken. Bei 2 cm Bortenhöhe alle M italienisch abketten. Ärmel einsetzen. Knöpfe annähen.

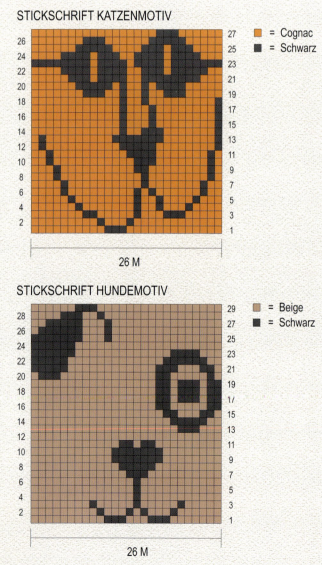

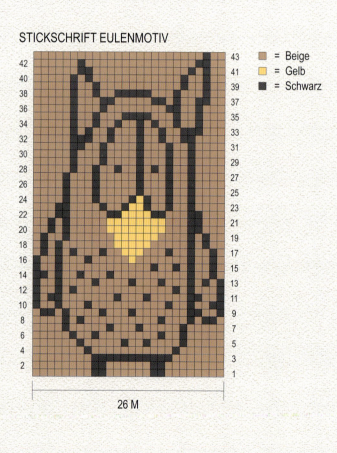

DER PULLI IST SO KUSCHELIG WEICH
WIE MEINE SCHMUSEKATZE

UH-HUUUUUUH!
RUFT DIE EULE IM WALDE

MEIN HUND IST EIN RICHTIG TREUER BEGLEITER

RITTERWESTE MIT KAPUZE

GRÖSSE:
86/92/98/104

MODELLMAßE:
Oberweite 54/58/62/68 cm
Länge 33/35/37/39 cm

MATERIAL:
- LANG YARNS MERINO 150
  (100 % Schurwolle, LL 150 m / 50 g):
  150/200/200/250 g Grau 197.0324
- Stricknadel Nr. 3 und 3½
- 1 Nadelspiel Nr. 3
- 5 Knöpfe

MUSTER I:
Nadel Nr. 3: 1 Rand-M, *1 M li, 2 M re, 1 M li*, von * zu * stets wiederholen, enden mit 1 Rand-M. In den folgenden R die M stricken, wie sie erscheinen. In Rd = 2 M li, 2 M re.

MUSTER II:
Nadel Nr. 3½: glatt re = Vorderseite re, Rückseite li.

MASCHENPROBE:
Muster II, Nadel Nr. 3½:
24 M = 10 cm breit.
36 R = 10 cm hoch.

RÜCKENTEIL: Anschlag 82/86/94/102 M. Im Muster I stricken. Bei 2 cm ab Anschlag im Muster II weiterstricken, dabei in der 1. R verteilt 14/14/16/18 M abnehmen = 68/72/78/84 M. **ARMAUSSCHNITTE:** Bei 20/21/22/24 cm ab Anschlag beidseitig jede 2. R 1x2 M abketten und 4x1 M abnehmen = 56/60/66/72 M. **SCHULTERN:** Bei 12/13/14/14 cm Armausschnitthöhe beidseitig jede 2. R 3x4 M / 2x4 M + 1x5 / 3x5 M /3x6 M abketten. **HALSAUSSCHNITT:** Gleichzeitig mit Schulterbeginn die mittleren 24/26/28/28 M abketten und beidseitig davon jede 2. R noch 2x2 M abketten.

LINKES VORDERTEIL: Anschlag 38/42/46/50 M. Im Muster I stricken. Bei 2 cm ab Anschlag im Muster II weiterstricken, dabei in der 1. R verteilt 6/8/8/8 M abnehmen = 32/34/38/42 M. Bei 9,5 cm ab Anschlag für die Taschenborte in folgender Mustereinteilung weiterstricken: 1 Rand-M, 7/8/10/12 M Muster II, 16 M Muster I, 7/8/10/12 M Muster II, 1 Rand-M. Nach 1,5 cm die 16 M der Taschenborte abketten, die restlichen M liegen lassen. Für die Tascheninnenseite die 16 M der Tasche bei 4 cm ab Anschlag von der Rückseite her wieder auffassen und im Muster II stricken. Bei 7 cm Taschenhöhe die M anstelle der abgeketteten M einfügen und wieder über alle M im Muster II stricken. Den Armausschnitt an der re Kante in gleicher Höhe und wie am Rückenteil arbeiten. **HALSAUSSCHNITT:** Bei 29/31/33/35 cm ab Anschlag an der li Kante jede 2. R 1x4/5/7/8 M, 1x4 M, 1x3 M, 1x2 M abketten und 1x1 M abnehmen. Die Schulter an der re Kante in gleicher Höhe und wie am Rückenteil arbeiten.

RECHTES VORDERTEIL: Gegengleich zum li Vorderteil stricken.

KAPUZE: Anschlag 106/106/110/110 M. Im Muster I stricken. Bei 2 cm ab Anschlag im Muster II weiterstricken. Bei 14/14/15/15 cm ab Anschlag beidseitig jede 2. R 3x14 M abketten. Bei 33/33/34/34 cm ab Anschlag die restlichen 22/22/26/26 M abketten.

WENN ICH GROSS BIN, WERDE ICH RITTER UND HEIRATE EINE PRINZESSIN.

BIN ICH NICHT CHIC?

AUSARBEITEN: Nähte schließen. VERSCHLUSSBORTE: Aus den Vorderteilkanten mit Nadel Nr. 3 98/102/110/114 M auffassen. Im Muster I stricken, dabei die 1. R (Rück-R) mit 1 Rand-M, 1 M re beginnen und gegengleich enden. Bei 1 cm Bortenhöhe in die re Verschlussborte verteilt 5 Knopflöcher wie folgt einstricken: Ab Unterkante 5 M stricken, die folgenden 2 M abketten, ohne sie zu stricken, 2 U um die Nadel legen. Dieses Knopfloch mit 20/21/23/24 Zwischen-M noch 4x wiederholen, die R zu Ende stricken. In der Rück-R die U verschränkt stricken. Bei 2 cm Bortenhöhe alle M abketten.
ÄRMELBORTE: Mit dem Nadelspiel aus den Ärmelkanten je 76/80/84/84 M auffassen. Im Muster I in Rd stricken. Bei 2 cm Bortenhöhe alle M abketten. Kapuzennähte schließen und die Kapuze in den Halsausschnitt nähen. Knöpfe annähen.

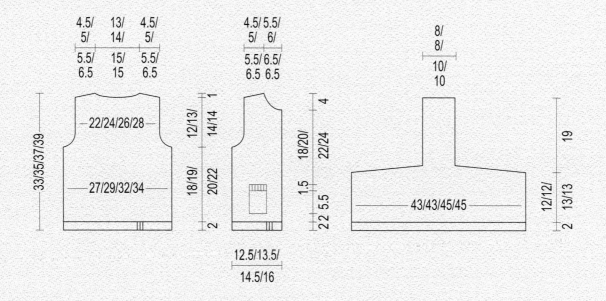

UND DANN FAHRE ICH MIT MEINER PRINZESSIN
MIT DEM RENNAUTO DURCHS GANZE KÖNIGREICH!

SÜSSE STREIFENJACKE

GRÖSSE:
62–68/74–80/86–92/98

MODELLMASSE:
Oberweite 50/54/58/62 cm
Länge 28/30/33/35 cm

MATERIAL:
- LANG YARNS BABY COTTON (100 % Baumwolle, 180 m / 50 g): 150/150/200/200 g Pink meliert 786.0066
- Stricknadel Nr. 3 und 3½
- 1 kurze Rundstricknadel Nr. 3
- 1 Knopf

MUSTER I:

Nadel Nr. 3: 1 Rand-M, *1 M li, 2 M re, 1 M li*, von * zu * stets wiederholen, enden mit 1 Rand-M. In den folgenden R die M stricken, wie sie erscheinen.

MUSTER II:

Nadel Nr. 3½: glatt re = Vorderseite re, Rückseite li.

MUSTER III:

Nadel Nr. 3 + 3½: 1 M re, 1 M li.

MASCHENPROBE:

Muster II, Nadel Nr. 3½:
26 M = 10 cm breit.
32 R = 10 cm hoch.

RÜCKENTEIL
Anschlag 102/110/118/122 M. Im Muster I stricken. Bei 3 cm ab Anschlag im Muster II weiterstricken, dabei die 1. R wie folgt stricken: 1 Rand-M, 4/0/0/2 M, *2 M re zusammenstricken, 2 M re*, von * zu * stets wiederholen, enden mit 4/0/0/2 M re, 1 Rand-M = 79/83/89/93 M. Für die seitliche Schrägung beidseitig jede 8. R / jede 8. R / jede 10. R / jede 10. R 5x1 M abnehmen = 69/73/79/83 M. ARMAUSSCHNITTE: Bei 16/17/19/21 cm ab Anschlag (hängend messen) jede 2. R 1x2 M abketten und 6x1 M abnehmen = 53/57/63/67 M. HALSAUSSCHNITT: Bei 26/28/31/33 cm ab Anschlag die mittleren 19/21/23/25 M abketten und beidseitig davon noch jede 2. R 1x2 M und 1x1 M abketten. SCHULTERN: Bei 11/12/13/13 cm Armausschnitthöhe beidseitig jede 2. R 1x4 M + 2x5 M / 3x5 M / 1x5 M + 2x6 M / 3x6 M abketten.

LINKES VORDERTEIL
Anschlag 65/73/73/77 M. In folgender Mustereinteilung stricken: 1 Rand-M, 56/64/64/68 M Muster I, 7 M Muster III (mit 1 M li beginnen), 1 Rand-M. Bei 3 cm ab Anschlag in folgender Mustereinteilung weiterstricken: 1 Rand-M, 56/64/64/68 M Muster II, dabei die 1. R wie folgt stricken: 4/0/4/2 M re, *2 M re zusammenstricken, 2 M re*, von * zu * stets wiederholen, enden mit 4/0/4/2 M re, 7 M Muster III, 1 Rand-M = 53/57/59/61 M. Für die seitliche Schrägung an der re Kante jede 8. R / jede 8. R / jede 10. R / jede 10. R 5x1 M abnehmen = 48/52/54/56 M. Den Armausschnitt an der re Kante in gleicher Höhe und wie am Rückenteil arbeiten. HALSAUSSCHNITT: Bei 24/25/28/30 cm ab Anschlag an der li Kante jede 2. R 1x10/10/10/11 M, 3x4 M, 0/1/1/1x3 M, 1x2 M und 2x1 M abketten. Die Schulter an der re Kante in gleicher Höhe und wie am Rückenteil arbeiten.

RECHTES VORDERTEIL
Gegengleich zum li Vorderteil stricken.

ÄRMEL
Anschlag 46/46/50/50 M. Im Muster I stricken. Bei 3 cm ab Anschlag im Muster II weiterstricken. Für die seitliche Schrägung jede 10./10./14./12. R 4x/5x/4x/5x1 M aufnehmen = 54/56/58/60 M. ARMKUGEL: Bei 18/20/22/24 cm ab Anschlag beidseitig jede 2. R 1x3 M, 6x/6x/7x/7x2 M und 2x3 M abketten. Bei 5/5/6/6 cm Armkugelhöhe die restlichen M locker abketten.

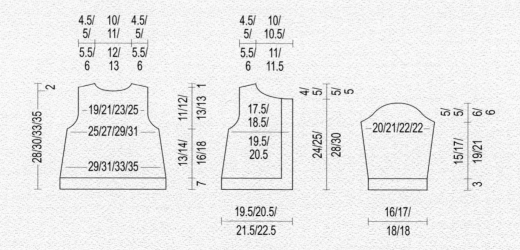

AUSARBEITEN: Nähte schließen. **HALSBORTE:** Mit der Rundstricknadel ca. 70/74/78/82 M auffassen (= Vorderteile je 21/22/23/24 M, Rückenteil = 28/30/32/34 M). Im Muster I stricken. Bei 1,5 cm Bortenhöhe an der re Kante 1 Knopfloch wie folgt einstricken: 3 M stricken, die folgenden 2 M abketten, ohne sie zu stricken, 2 U um die Nadel legen. Die R zu Ende stricken. In der folgenden R die U verschränkt stricken. Bei 3 cm Bortenhöhe alle M locker abketten. Ärmel einsetzen. Knopf annähen.

MEIN NEUER LIEBLINGSPULLI

GRÖSSE:
68–74/80–86/92–98/104

MODELLMASSE:
Oberweite 54/56/60/64 cm
Länge 28/30/32/35 cm

MATERIAL:
- LANG YARNS GAMMA
  (100 % Baumwolle, LL 165 m / 50 g):
  150/150/200/200 g Pink 837.0065
- Stricknadel Nr. 4
- 1 kurze Rundstricknadel Nr. 4

MUSTER:
Nadel Nr. 4: Längsrippen: 1. R Vorderseite: 1 Rand-M, 3/0/2/0 M li, *1 M re, 4 M li*, von * zu * stets wiederholen, enden mit 1 M re, 3/0/2/0 M li, 1 Rand-M. 2. R Rück-R: Die M stricken, wie sie erscheinen. 3. R Vorderseite: 1 Rand-M, 3/0/2/0 M li, *1 Patent-M (= 1 M re, dabei 1 R tiefer einstechen), 4 M li*, von * zu * stets wiederholen, enden mit 1 Patent-M, 3/0/2/0 M li, 1 Rand-M. 4. R Rück-R: Die M stricken, wie sie erscheinen. 1x die 1. + 2. R stricken, anschließend die 3. + 4. R stets wiederholen.

MASCHENPROBE:
Nadel Nr. 4:
25 M = 10 cm breit.
38 R = 10 cm hoch.

RÜCKENTEIL
Anschlag 69/73/77/83 M. Im Muster stricken. **ARMAUSSCHNITTE:** Bei 17/18/19/21 cm ab Anschlag beidseitig jede 2. R 1x3 M abketten und 4x/4x/4x/5x1 M abnehmen = 55/59/63/67 M. **SCHULTERN:** Bei 10/11/12/13 cm Armausschnitthöhe beidseitig jede 2. R 1x7 M + 1x8 M / 1x7 M + 1x8 M / 2x8 M / 2x8 M abketten. **HALSAUSSCHNITT:** Gleichzeitig mit Schulterbeginn die mittleren 21/25/27/31 M abketten und beidseitig davon nach 2 R noch 1x2 M abketten.

VORDERTEIL
Wie das Rückenteil stricken. **V-AUSSCHNITT:** Bei 22/24/25/28 cm ab Anschlag die Arbeit in der Mitte teilen, dabei die Mittel-M liegen lassen. Nun beide Seiten separat stricken. Für die seitliche Schrägung jede 2. R 3x/3x/3x/4x abwechselnd (2x1 M und 1x2 M) abketten, anschließend noch 0x1 M / 1x2 M / 1x1 M + 1x2 M / 1x1 M abketten. Die Schultern in gleicher Höhe und wie am Rückenteil schrägen.

ÄRMEL
Anschlag 39/39/43/43 M. Im Muster stricken, dabei mit 1 Rand-M, 3/3/0/0 M li beginnen und mit 1 M re, 3/3/0/0 M li, 1 Rand-M enden. Für die seitliche Schrägung beidseitig jede 8. R 9x1 M / jede 8. R 10x1 M / abwechselnd jede 8. + 10. R 10x1 M / jede 8. R 11x1 M aufnehmen = 57/59/63/65 M. Die neu aufgenommenen M sobald wie möglich im Muster mitstricken. **ARMKUGEL:** Bei 20/22/24/25 cm ab Anschlag beidseitig jede 2. R 6x/6x/7x/7x abwechselnd (1x2 M und 1x1 M) abketten, anschließend noch 5x1 M abnehmen. Bei 9/9/10/10 cm Armkugelhöhe die restlichen M abketten.

AUSARBEITEN
Nähte schließen. **V-AUSSCHNITT:** Mit der Rundstricknadel ca. 69/77/83/91 M (Rückenteil = 28/32/34/38 M, Vorderteile je 20/22/24/26 + die liegen gelassene Mittel-M) auffassen. 1 Rd li stricken und gleichzeitig li abketten. Ärmel einsetzen.

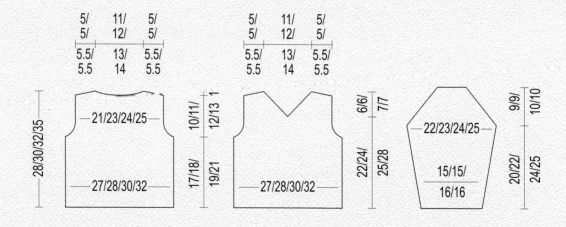

VON DEM HABE ICH SCHON LANGE GETRÄUMT!

NICHT NUR FÜR KATZENFANS

KATZEN-PULLI

GRÖSSE:
68–74/80–86/92–98/104

MODELLMASSE:
Oberweite 52/56/58/62 cm
Länge 39/42/45/47 cm

MATERIAL:
- LANG YARNS MERINO 120 (100 % Schurwolle, LL 120 m / 50 g): 150/150/200/200 g Schwarz 34.0004 und 50 g Pink 34.0085 und einen Rest Weiß zum Sticken
- Stricknadel Nr. 3½ und 4

MUSTER I:
Nadel Nr. 3½: 1 Rand-M, *1 M li, 2 M re, 1 M li*, von * zu * stets wiederholen, enden mit 1 Rand-M. In den folgenden R die M stricken, wie sie erscheinen. In Rd = 2 M re, 2 M li.

MUSTER II:
Nadel Nr. 4: glatt re = Vorderseite re, Rückseite li.

MUSTER III:
Nadel Nr. 4: Katzenmotiv: gemäß Strickschrift. Das Schema zeigt die R der Vorder- und Rückseite. 1x die 1.–40. R stricken.

TIPP 1:
Betonte Abnahme: Re Kante = 1 Rand-M, 1 M re, 2 M re zusammenstricken. Li Kante = 1 überzogene Abnahme, 1 M re, 1 Rand-M.

TIPP 2:
Beim Muster III mit mehreren Knäueln arbeiten, die Fäden auf der Rückseite locker mitführen und beim Farbwechsel kreuzen.

TIPP 3:
Die Katzenaugen werden nachträglich mit Weiß im M-Stich aufgestickt.

MASCHENPROBE:
Muster II, Nadel Nr. 4:
21 M = 10 cm breit.
28 R = 10 cm hoch.

RÜCKENTEIL: Anschlag mit Schwarz 102/106/110/118 M. Im Muster I stricken. Bei 3 cm ab Anschlag im Muster II weiterstricken, dabei die 1. R wie folgt stricken: 1 Rand-M, 4/2/0/0 M, *2 M re zusammenstricken, 2 M re*, von * zu * stets wiederholen, enden mit 4/2/0/0 M re, 1 Rand-M = 79/81/83/89 M. Für die seitliche Schrägung beidseitig 11x1 M jede 4. R / 10x1 M abwechselnd jede 4. + 6. R / 10x1 M jede 6. R / 11x1 M jede 6. R betont abnehmen = 57/61/63/67 M. **ARMAUSSCHNITTE**: Bei 27/29/31/33 cm ab Anschlag (hängend messen) beidseitig jede 2. R 1x2 M abketten und 4x1 M abnehmen = 45/49/51/55 M. **HALSAUSSCHNITT**: Bei 37/40/43/45 cm ab Anschlag die mittleren 17/19/21/23 M abketten und beidseitig davon jede 2. R noch 1x2 M und 1x1 M abketten. **SCHULTERN**: Bei 11/12/13/13 cm Armausschnitthöhe beidseitig jede 2. R 1x5 M + 1x6 M / 2x6 M / 2x6 M / 1x6 M + 1x7 M abketten.

VORDERTEIL: Wie das Rückenteil stricken, jedoch bei 15/17/19/21 cm ab Anschlag das Katzenmotiv im Muster III stricken. Anschließend im Muster II und in Schwarz weiterstricken. Die Armausschnitte in gleicher Höhe und wie am Rückenteil arbeiten. **HALSAUSSCHNITT**: Bei 35/38/40/42 cm ab Anschlag die mittleren 9/11/13/15 M abketten und beidseitig davon jede 2. R 1x3 M, 1x2 M und 2x1 M abketten. Die Schultern in gleicher Höhe und wie am Rückenteil arbeiten.

ÄRMEL: Anschlag mit Schwarz 34/34/38/38 M. Im Muster I stricken. Bei 3 cm ab Anschlag im Muster II weiterstricken. Für die Ärmelschrägung beidseitig jede 8. R 6x1 M / abwechselnd jede 6. + 8. R 7x1 M / abwechselnd jede 8. + 10. R 6x1 M / abwechselnd jede 8. + 10. R 7x1 M aufnehmen = 46/48/50/52 M. **ARMKUGEL**: Bei 22/23/24/26 cm ab Anschlag beidseitig jede 2. R 2x/2x/3x/3x2 M abketten, 2x/2x/3x/3x1 M abnehmen und wieder 2x2 M und 2x3 M abketten. Bei 6/6/7/7 cm Armkugelhöhe die restlichen M abketten.

AUSARBEITEN: Nähte schließen. Die Katzenaugen im M-Stich mit Weiß aufsticken. **HALSBORTE**: Aus dem Halsausschnitt 60/64/68/72 M (Vorderteil 33/35/37/39 M, Rückenteil 27/29/31/33 M) auffassen. Im Muster I stricken. Bei 2 cm Bortenhöhe alle M locker abketten. Ärmel einsetzen.

UNSERE KATZE
KOMMT IMMER MIT MIR!

MUSTER III

■ = pink
■ = schwarz
□ = weiss

Mitte Vorderteil

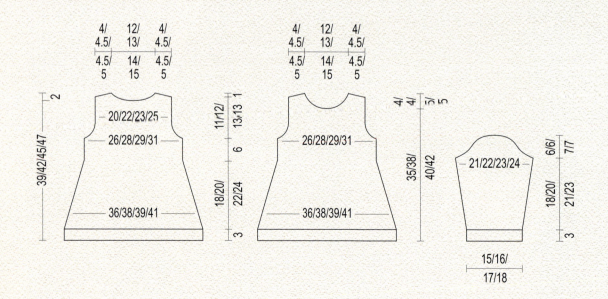

SUPERBEQUEMES KLEID

GRÖSSE:
80–86/92/98/104

MODELLMASSE:
Oberweite 58/62/64/68 cm
Länge 42/44/46/48 cm

MATERIAL:
- LANG YARNS MERINO 400 LACE (100 % Schurwolle, LL 200 m / 25 g): 125/150/150/175 g Schwarz 796.0004
- Stricknadel Nr. 3½ und 4
- 1 Nadelspiel Nr. 3½

MUSTER I:
Nadel Nr. 3½: Rippen = Vorder- und Rückseite re. In Rd = abwechselnd 1 Rd li, 1 Rd re.

MUSTER II:
Nadel Nr. 4: Längsrippen: Vorderseite: 1 Rand-M, 8/11/10/9 M li, *1 Patent-M (= 1 M re, dabei 1 R tiefer einstechen), 17/17/18/19 M li*, von * zu * stets wiederholen, enden mit 1 Patent-M, 8/11/10/9 M li, 1 Rand-M. In den Rück-R die M stricken, wie sie erscheinen, die Patent-M li stricken.

MUSTER III:
Nadel Nr. 4: glatt re = Vorderseite re, Rückseite li.

TIPP:
MERINO 400 LACE wird doppelt verstrickt.

MASCHENPROBE:
Muster II, Nadel Nr. 4:
24 M = 10 cm breit.
33 R = 10 cm hoch.

RÜCKENTEIL
Anschlag 127/133/137/141 M. Im Muster I stricken. Bei 2 cm ab Anschlag im Muster II weiterstricken. Für die seitlichen Schrägungen jede 18. R (in der Rück-R) 4x14 M wie folgt abnehmen: Stets die 2 M vor und nach der Patent-M re zusammenstricken = 71/77/81/85 M. Dabei verringern sich die M-Zahlen zwischen den Patent-M. Bei 24 cm ab Anschlag gerade weiterstricken, dabei nur die mittlere Patent-M stricken, die restlichen M glatt li (Vorderseite li, Rückseite re) stricken. ARMAUSSCHNITTE: Bei 29/30/31/33 cm ab Anschlag (hängend messen) beidseitig jede 2. R 3x2 M abketten und 6x/7x/7x/7x1 M abnehmen = 47/51/55/59 M. HALSAUSSCHNITT: Bei 40/42/44/46 cm ab Anschlag die mittleren 23/25/27/31 M abketten und beidseitig davon jede 2. R noch 1x2 M und 1x1 M abketten. SCHULTERN: Bei 12/13/14/14 cm Armausschnitthöhe beidseitig jede 2. R 1x4 M + 1x5 M / 2x5 M / 1x5 M + 1x6 M / 1x5 M + 1x6 M abketten.

VORDERTEIL
Wie das Rückenteil stricken. HALSAUSSCHNITT: Bei 37/39/41/43 cm ab Anschlag die mittleren 13/15/17/21 M abketten und beidseitig davon jede 2. R noch 1x3 M, 1x2 M abketten und 3x1 M abnehmen. Die Schultern in gleicher Höhe und wie am Rückenteil schrägen.

AUSARBEITEN
Nähte schließen. HALSBORTE: Mit dem Nadelspiel ca. 84/92/96/104 M (Rückenteil = 41/45/47/51, Vorderteil = 43/47/49/53 M) auffassen. Im Muster III stricken. Nach 6 Rd alle M locker abketten und die Borte nach außen rollen lassen. ARMAUSSCHNITTBORTE: Mit dem Nadelspiel Nr. 3½ aus den Armausschnittkanten je 68/74/80/80 M auffassen und im Muster I in Rd stricken. Nach 4 Rd alle M locker li abketten.

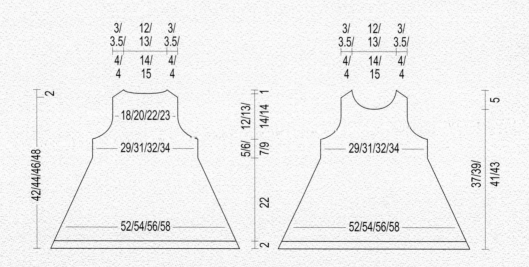

DIE KLEINEN MÄUSE LAUFEN SCHNELL
UND VERSTECKEN SICH VOR DER KATZE!

MEIN KATZENAUGEN-MANTEL

MATERIAL:
- LANG YARNS MERINO 120 (100 % Schurwolle, LL 120 m / 50 g): 150/200/250/250 g Pink 34.0085, je 50 g Schwarz 34.0004 und Gelb 34.0049
- Stricknadel Nr. 3½ und 4
- 3 Hilfsnadeln
- 3 Knöpfe

MUSTER I:
Nadel Nr. 3½: 1 Rand-M, *1 M li, 2 M re, 1 M li*, von * zu * stets wiederholen, enden mit 1 Rand-M. In den folgenden R die M stricken, wie sie erscheinen.

MUSTER II:
Nadel Nr. 4: glatt re = Vorderseite re, Rückseite li.

GRÖSSE:
68–74/80–86/92–98/104

MODELLMASSE:
Oberweite 54/58/60/64 cm
Länge 34/36/38/40 cm

MUSTER III:
Nadel Nr. 4: Kellerfalte (über 18 M): Für die 1. Hälfte der Falte 3 M auf eine Hilfsnadel vor die Arbeit legen, die folgenden 3 M auf eine 2. Hilfsnadel legen und im Uhrzeigersinn drehen (die Rückseite liegt jetzt vorne), die folgenden 3 M auf eine 3. Hilfsnadel legen. Nun die 3 Hilfsnadeln hintereinander legen (1., 2., + 3. Nadel von vorne nach hinten) und je 1 M der 3 Hilfsnadeln re zusammenstricken. Die 2. Hälfte gegengleich stricken, d. h. die 3., 2. + 1. Hilfsnadel von vorne nach hinten hintereinander legen und je 1 M der 3 Hilfsnadeln re zusammenstricken.

MUSTER IV:
Nadel Nr. 4: Rippen = Vorder- und Rückseite re.

MUSTER V:
Augenmotiv über 23 M und 9 R. Gemäß Stickschrift. Das Schema zeigt alle R.

MASCHENPROBE:
Muster II, Nadel Nr. 4:
21 M = 10 cm breit.
28 R = 10 cm hoch.

HIER KANN SICH KEINE MAUS UNBEMERKT VERSTECKEN

RÜCKENTEIL: Anschlag mit Pink 110/114/118/122 M. Im Muster I stricken. Bei 3 cm ab Anschlag im Muster II weiterstricken, dabei die 1. R wie folgt stricken: 1 Rand-M, 0/2/0/2 M re, *2 M re zusammenstricken, 2 M re*, von * zu * stets wiederholen, enden mit 0/2/0/2 M re, 1 Rand-M = 83/87/89/93 M. Bei 19/20/21/23 cm ab Anschlag über die 15.–32. M / 17.–34. M / 18.–35. M / 20.–37. M und die 52.–69. M / 54.–71. M / 55.–72. M / 57.–74. M (inkl. Rand-M) je 1 Kellerfalte (Muster III) arbeiten = 59/63/65/69 M. Ab der folgenden Rück-R 6 R im Muster IV stricken, anschließend wieder im Muster II stricken. **ARMAUSSCHNITTE:** Bei 22/23/24/26 cm ab Anschlag (hängend messen) beidseitig jede 2. R 1x2 M abketten und 4x1 M abnehmen = 47/51/53/57 M. **HALSAUSSCHNITT:** Bei 32/34/36/38 cm ab Anschlag die mittleren 17/19/21/21 M abketten und beidseitig davon jede 2. R noch 1x2 M und 1x1 M abketten. **SCHULTERN:** Bei 11/12/13/13 cm Armausschnitthöhe beidseitig jede 2. R 2x6 M / 1x6 M + 1x7 M / 1x6 M + 1x7 M / 1x7 M + 1x8 M abketten.

LINKES VORDERTEIL: Anschlag mit Pink 50/54/58/58 M. Im Muster I stricken. Bei 3 cm ab Anschlag im Muster II weiterstricken, dabei die 1. R wie folgt stricken: 1 Rand-M, 4/2/0/4 M re, *2 M re zusammenstricken, 2 M re*, von * zu * stets wiederholen, enden mit 4/2/0/4 M re, 1 Rand-M = 40/42/44/46 M. Bei 19/20/21/23 cm ab Anschlag über die 15.–32. M / 17.–34. M / 18.–35. M / 20.–37. M (inkl. Rand-M) 1 Kellerfalte (Muster III) arbeiten = 28/30/32/34 M. Ab der folgenden Rück-R 6 R im Muster IV stricken, anschließend wieder im Muster II stricken. Den Armausschnitt an der re Kante in gleicher Höhe und wie am Rückenteil arbeiten. **HALSAUSSCHNITT:** Bei 30/32/34/35 cm ab Anschlag an der li Kante 1x5 M, 1x3 M, 1x2 M abketten und 0x/1x/3x/3x1 M abnehmen. Die Schulter an der re Kante in gleicher Höhe und wie am Rückenteil schrägen.

RECHTES VORDERTEIL: Gegengleich zum li Vorderteil stricken, dabei über die 9.–26. M / 9.–26. M / 10.–27. M / 10.–27. M (inkl. Rand-M) 1 Kellerfalte (Muster III) arbeiten = 28/30/32/34 M.

ÄRMEL: Anschlag mit Pink 34/34/38/38 M. Im Muster I stricken. Bei 3 cm ab Anschlag im Muster II weiterstricken. Für die Ärmelschrägung beidseitig jede 8. R 6x1 M / abwechselnd jede 6. + 8. R 7x1 M / abwechselnd jede 8. + 10. R 6x1 M / abwechselnd jede 8. + 10. R 7x1 M aufnehmen = 46/48/50/52 M. **ARMKUGEL:** Bei 22/22/24/26 cm ab Anschlag beidseitig jede 2. R 2x2/2x2/3x3/3x2 M abketten, 2x/2x/3x/3x1 M abnehmen und wieder 2x2 M und 2x3 M abketten. Bei 6/6/7/7 cm Armkugelhöhe die restlichen M abketten.

AUSARBEITEN. Nähte schließen. Die Augen gemäß Stickschrift Muster V bei ca. 24/25/26/28 cm ab Anschlag in die Mitte des Rückenteils im M-Stich aufsticken. **VERSCHLUSSBORTE**: Mit Nadel Nr. 3½ aus den Vorderteilkanten 94/98/102/106 M auffassen. Im Muster I stricken, dabei die 1. R als Rück-R mit 1 Rand-M, 1 M li, 2 M re beginnen und gegengleich enden. In die re Verschlussborte bei ca 1 cm Bortenhöhe verteilt 3 Knopflöcher wie folgt einstricken: 61/63/65/67 M stricken, die folgenden 2 M abketten, ohne sie zu stricken, 2 U um die Nadel legen. Dieses Knopfloch mit 12/13/14/15 Zwischen-M noch 2x wiederholen. Die R zu Ende stricken. In der Rück-R die U verschränkt stricken. Bei ca. 2 cm Bortenhöhe alle M abketten. **HALSBORTE**: Aus dem Halsausschnitt 74/78/82/82 M (Vorderteile je 24/25/26/26 M inkl. Schmalkanten der Verschlussborte, Rücken 26/28/30/30 M) auffassen. Im Muster I stricken. Bei 3 cm Bortenhöhe alle M abketten. Ärmel einsetzen. Knöpfe annähen.

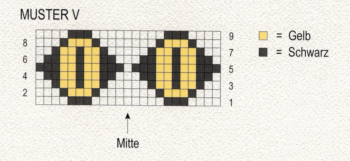

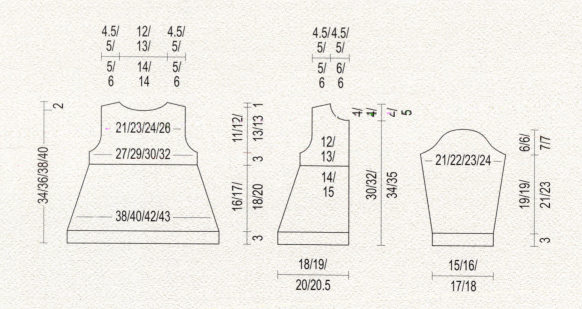

UND ICH KANN AUCH IM DUNKELN NOCH ALLES GANZ GENAU SEHEN!

MÄRCHENHAFTER CARDIGAN

GRÖSSE:
68–74/80–86/92–98/104

MODELLMAßE:
Oberweite 54/56/60/64 cm
Länge 28/30/32/35 cm

MATERIAL:
- LANG YARNS GAMMA (100 % Baumwolle, LL 165 m / 50 g): 150/150/200/200 g Rosa 837.0019
- Stricknadel Nr. 4
- 4 Knöpfe

MASCHENPROBE:
Nadel Nr. 4:
25 M = 10 cm breit.
38 R = 10 cm hoch.

TIPP:
Abnahme für den Halsausschnitt:
Re Vorderteil: 10 M stricken, 1 überzogene Abnahme. Li Vorderteil: Bis zu den letzten 12 M stricken, 2 M re zusammenstricken, R beenden.

MUSTER:
Nadel Nr. 4: Längsrippen: 1. R Vorderseite: *1 M re, 4 M li*, von * zu * stets wiederholen. 2. R Rück-R: Die M stricken, wie sie erscheinen. 3. R Vorderseite: *1 Patent-M (= 1 M re, dabei 1 R tiefer einstechen), 4 M li*, von * zu * stets wiederholen. 4. R Rück-R: Die M stricken, wie sie erscheinen. 1x die 1. + 2. R stricken, anschließend die 3. + 4. R stets wiederholen.

RÜCKENTEIL: Anschlag 70/73/77/82 M. Im Muster stricken, dabei mit 1 Rand-M, 1/0/2/2 M li beginnen, den Rapport stets wiederholen und mit 1 M re, 1/0/2/2 M li, 1 Rand-M enden. **ARMAUSSCHNITTE:** Bei 17/18/19/21 cm ab Anschlag beidseitig jede 2. R 1x3 M abketten und 4x/4x/4x/5x1 M abnehmen = 56/59/63/66 M. **SCHULTERN:** Bei 10/11/12/13 cm Armausschnitthöhe beidseitig jede 2. R 1x7 M + 1x8 / 1x7 M + 1x8 M / 2x8 M / 2x8 M abketten. **HALSAUSSCHNITT:** Gleichzeitig mit Schulterbeginn die mittleren 22/25/27/30 M abketten und beidseitig davon nach 2 R noch 1x2 M abketten.

RECHTES VORDERTEIL: Anschlag 43/44/47/49 M. Im Muster I stricken, dabei mit 1 Rand-M, 4 M li beginnen und mit 1 M re, 1/2/0/2 M li, 1 Rand-M enden. Bei 2 cm ab Anschlag 2 Knopflöcher wie folgt einstricken: 1 Rand-M, 1 M stricken, die folgenden 2 M abketten, ohne sie zu stricken, 2 U um die Nadel legen, 3 M stricken, die folgenden 2 M abketten, ohne sie zu stricken und wieder 2 U um die Nadel legen, die R zu Ende stricken. Diese Knopflöcher mit 14/16/18/20 Zwischen-R noch 3x wiederholen. In der Rück-R die U verschränkt stricken. Den Armausschnitt an der li Kante in gleicher Höhe und wie am Rückenteil arbeiten = 36/37/40/41 M. **HALSAUSSCHNITT:** Bei ca. 17/18/19/21 cm ab Anschlag (nach dem letzten Knopfloch) an der re Kante 10x1 M jede 2. R + 6x1 M jede 4. R / 10x1 M jede 2. R + 7x1 M jede 4. R / 12x1 M jede 2. R + 7x1 M jede 4. R / 12x1 M jede 2. R + 8x1 M jede 4. R abnehmen (s. Tipp), die restlichen 5 M liegen lassen. Die Schulter in gleicher Höhe wie am Rückenteil schrägen.

LINKES VORDERTEIL: Gegengleich zum re Vorderteil arbeiten, dabei die Knopflöcher weglassen.

ÄRMEL: Anschlag 39/39/43/43 M. Im Muster stricken, dabei mit 1 Rand-M, 3/3/0/0 M li beginnen, den Rapport stets wiederholen und mit 1 M re, 3/3/0/0 M li, 1 Rand-M enden. Für die seitliche Schrägung beidseitig jede 8. R 9x1 M / jede 8. R 10x1 M / abwechselnd jede 8. + 10. R 10x1 M / jede 8. R 11x1 M aufnehmen = 57/59/63/65 M. Die neu aufgenommenen M sobald wie möglich im Muster mitstricken. **ARMKUGEL:** Bei 20/22/24/25 cm ab Anschlag beidseitig jede 2. R 5x/5x/6x/6x abwechselnd (1x2 M und 1x1 M) abnehmen, anschließend noch jede 2. R 1x2 M abketten und 3x1 M abnehmen. Bei 7/7/8/8 cm Armkugelhöhe die restlichen M abketten.

AUSARBEITEN: Nähte schließen. **HALSBORTE:** Mit den liegen gelassenen 5 M noch ca. 6/6/6,5/7 cm weiterstricken, Länge regulieren und die M im M-Stich verbinden. Die ersten 5 M der Verschlussborte auf die Innenseite umlegen und annähen. Anschließend die Halsborte an den hinteren Halsausschnitt nähen. Ärmel einsetzen. Knöpfe annähen.

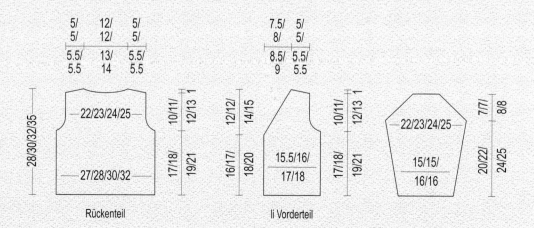

WIE EINE PRINZESSIN IM MÄRCHENLAND FÜHLE ICH MICH!

HOODIE FÜR STARKE KERLE

MATERIAL:
- LANG YARNS MERINO 200 BÉBÉ
  (100 % Schurwolle, LL 203 m / 50 g):
  100/150/150/200 g Sand 71.0326
- Stricknadel Nr. 3 und 3½
- 1 Nadelspiel Nr. 3
- 2 Knöpfe

GRÖSSE:
74/80–86/92–98/104

MODELLMASSE:
Oberweite 52/56/60/64 cm
Länge 30/32/34/36 cm

MASCHENPROBE:
Muster II, Nadel Nr. 3½:
26 M = 10 cm breit.
36 R = 10 cm hoch.

MUSTER I:
Nadel Nr. 3: 1 Rand-M, *1 M li, 2 M re, 1 M li*, von * zu * stets wiederholen, enden mit 1 Rand-M. In den folgenden R die M stricken, wie sie erscheinen. In Rd = 2 M re, 2 M li.

MUSTER II:
Nadel Nr. 3½: glatt re = Vorderseite re, Rückseite li.

RÜCKENTEIL: Anschlag 90/98/106/110 M. Im Muster I stricken. Bei 2 cm ab Anschlag im Muster II weiterstricken, dabei die 1. R wie folgt stricken: 1 Rand-M, 3/3/3/4 M re, *2 M re zusammenstricken, 2 M re*, von * zu * stets wiederholen, enden mit 1/1/1/4 M re, 1 Rand-M = 69/75/81/85 M. **ARMAUSSCHNITTE:** Bei 17/18/19/21 cm ab Anschlag (hängend messen) beidseitig jede 2. R 2x2 M abketten und 3x/3x/4x/4x1 M abnehmen = 55/61/65/69 M. **SCHULTERN:** Bei 29/31/33/35 cm ab Anschlag beidseitig jede 2. R 2x4 M + 1x5 M / 3x5 M / 2x5 M + 1x6 M / 1x5 M + 2x6 M abketten.
HALSAUSSCHNITT: Gleichzeitig mit Schulterbeginn die mittleren 25/27/29/31 M abketten und beidseitig davon nach 2 R noch 1x2 M abketten.

VORDERTEIL: Anschlag 90/98/106/110 M. Im Muster I stricken. Bei 2 cm ab Anschlag im Muster II weiterstricken, dabei die 1. R wie folgt stricken: 1 Rand-M, 3/3/3/4 M re, *2 M re zusammenstricken, 2 M re*, von * zu * stets wiederholen, enden mit 1/1/1/4 M re, 1 Rand-M = 69/75/81/85 M. Bei 9,5/9,5/10,5/10,5 cm ab Anschlag für die Taschenborte in folgender Mustereinteilung weiterstricken: 1 Rand-M, 10/13/16/18 M Muster II, 16 M Muster I, 41/44/47/49 M Muster II, 1 Rand-M. Nach 1,5 cm in dieser Einteilung die 16 M im Muster I abketten, die restlichen M liegenlassen. Für die Tascheninnenseite die 16 M der Tasche in 4 cm ab Anschlag von der Rückseite her wieder auffassen und im Muster II stricken. Bei 7 cm Taschenhöhe die M anstelle der abgeketteten M einfügen und wieder über alle M im Muster II stricken. Die Armausschnitte in gleicher Höhe und wie am Rückenteil arbeiten. **SCHLITZ:** Bei 21/23/24/26 cm ab Anschlag die mittleren 3 M abketten und beide Teile separat beenden. Gerade weiterstricken. **HALSAUSSCHNITT:** Bei 27/29/30/32 cm ab Anschlag an der Ausschnittkante jede 2. R 1x6/7/7/8 M, 1x3 M, 1x2 M und 2x/2x/3x/3x1 M abketten. Die Schultern in gleicher Höhe und wie am Rückenteil schrägen.

KAPUZE: Anschlag 106/106/114/114 M. Im Muster I stricken. Bei 2 cm ab Anschlag im Muster II weiterstricken. Bei 12/12/13/13 cm ab Anschlag beidseitig jede 2. R 1x15 M + 2x14 M / 1x15 M + 2x14 M / 3x15 M / 3x15 M abketten. Bei 31/31/32/32 cm ab Anschlag die restlichen 20/20/24/24 M abketten.

AUSARBEITEN: Nähte schließen. **SCHLITZBORTE:** Aus den Schlitzkanten je 22 M auffassen. Im Muster I stricken. Bei 1 cm Bortenhöhe in die re Schlitzborte verteilt 2 Knopflöcher wie folgt einstricken: 5 M stricken, die folgenden 2 M re verschränkt zusammenstricken, 1 U, 10 M stricken, die folgenden 2 M re verschränkt zusammenstricken, 1 U, 3 M stricken. Bei 2 cm Bortenhöhe alle M abketten. Die Knopfborte hinter der Knopflochborte an die Schmalkante des Schlitzes nähen. Aus den Armausschnittkanten 72/76/80/80 M auffassen und im Muster I rundstricken. Bei 2 cm Bortenhöhe die M abketten. Kapuze in den Halsausschnitt nähen, dabei in der Mitte der Schmalkante der Schlitzborte beginnen und enden. Knöpfe annähen.

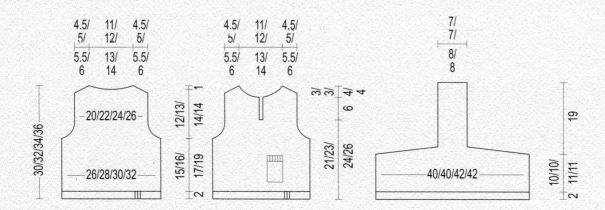

DER IST SO SCHÖN WARM – DARIN KRIEG ICH BESTIMMT KEINEN SCHNUPFEN!

ENSEMBLE FÜR DIE KLEINEN

JÄCKCHEN

GRÖSSE:
62/68–74/80–86/92

MODELLMASSE:
Oberweite 50/52/54/56 cm
Länge 25/26,5/28/30,5 cm

MATERIAL:
- LANG YARNS Merino 120
  (100 % Schurwolle, LL 120 m / 50 g):
  200/200/250/250 g
  Offwhite 34.0002
  oder Hellblau 34.0020
- Stricknadel Nr. 4
- 4/4/5/5 Knöpfe

MASCHENPROBE:
Nadel Nr. 4:
22 M = 10 cm breit.
44 R = 10 cm hoch.

MUSTER:
Nadel Nr. 4: Rippen = Vorder- und Rückseite re.

TIPP:
Die Jacke wird in einem Stück gestrickt. Der Pfeil in der Skizze zeigt die Strickrichtung.

RECHTES VORDERTEIL
Anschlag 35/36/37/39 M. Im Muster stricken. Bei ca. 2 cm ab Anschlag an der re Kante 1 Knopfloch wie folgt einstricken: 3 M stricken, die folgenden 2 M abketten, ohne sie zu stricken 2 U um die Nadel legen, die R zu Ende stricken. Dieses Knopfloch mit 22/24/20/22 Zwischen-R noch 3x/3x/4x/4x wiederholen. In der Rück-R die U verschränkt stricken. **ÄRMELANSATZ:** Bei 14/15/16/18 cm ab Anschlag (hängend messen) an der li Kante jede 2. R 1x1, 1x2, 1x3, 1x4 und 1x34/34/36/38 M neu dazu anschlagen = 79/80/83/87 M. **HALSAUSSCHNITT:** Bei 21/22,5/24/26,5 cm ab Anschlag an der re Kante jede 2. R 1x8/9/9/10 M, 3x2 M abketten und 5x1 M abnehmen = 60/60/63/66 M. Bei 4 cm Halsausschnitthöhe die restlichen M liegen lassen.

LINKES VORDERTEIL
Gegengleich zum re Vorderteil stricken, jedoch ohne Knopflöcher.

RÜCKENTEIL
Die liegen gelassenen M vom li Vorderteil (60/60/63/66 M) stricken, für den Halsausschnitt des Rückenteils 25/27/27/29 M neu dazu anschlagen und die liegen gelassenen M des re Vorderteils (60/60/63/66 M) dazu stricken = 145/147/153/161 M. Bei 7/7,5/8/8,5 cm ab Beginn des Rückenteils beidseitig 1x34/34/36/38 M abketten, weiter jede 2. R 1x4, 1x3, 1x2 und 1x1 M abketten = 57/59/61/65 M. Bei 25/26,5/28/30,5 cm ab Beginn des Rückenteils alle M abketten.

AUSARBEITEN
Nähte schließen. **HALSAUSSCHNITT:** Aus dem Halsausschnitt ca. 72/76/76/80 M (Vorderteile je 23/24/24/25 M, Rückenteil 26/28/28/30 M) auffassen. 1 Rück-R re stricken und gleichzeitig abketten. Knöpfe annähen.

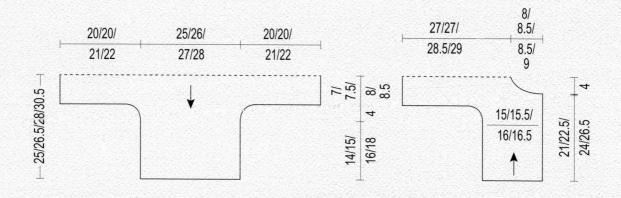

VARIANTE IN AZURBLAU
MIT BLÜMCHENKNÖPFEN

MATERIAL:
- LANG YARNS MERINO 120
  (100 % Schurwolle, LL 120 m / 50 g):
  50 g Offwhite 34.0002
- Nadelspiel Nr. 3½ und 4

Farbvariante (Foto s. Seite 148):
- Grau mélange 34.0223

MUSTER I:
Nadel Nr. 4: Rippen in Rd = abwechselnd 1 Rd re, 1 Rd li.

MÜTZE

Kopfumfang: 40 cm

MUSTER II:
Nadel Nr. 3½: 1 M re, 1 M li.

MASCHENPROBE:
Muster I, Nadel Nr. 4
22 M = 10 cm breit.
44 R = 10 cm hoch.

AUSFÜHRUNG: Anschlag 8 M verteilt auf 4 Nadeln. Die M zur Rd schließen. **1. RD:** *1 M re, 1 U*, von * zu * 7x wiederholen = 16 M. **2. + ALLE GERADEN RD:** li, dabei die U li verschränkt stricken. **3. RD:** *2 M re, 1 U* von * zu * 7x wiederholen = 24 M. Diese Aufnahme jede 2. Rd genau übereinander noch 8x wiederholen, dabei jeweils 1 Zwischen-M mehr stricken = 88 M. Im Muster I weiterstricken. **BORTE:** Nach 50 Rd im Muster II weiterstricken. Bei 1 cm Bortenhöhe die M italienisch abketten.

**SCHÖN WARM
VON KOPF BIS FUSS!**

MATERIAL:
- LANG YARNS MERINO 120
  (100 % Schurwolle,
  LL 120 m / 50 g):
  50 g = Offwhite 34.0002
- Stricknadel Nr. 4
- 1 Hilfsnadel

SCHÜHCHEN

Größe 68
Fußlänge: ca. 10 cm

MUSTER:

Nadel Nr. 4: Rippen = Vorder- und Rückseite re.

MASCHENPROBE:

Nadel Nr. 4:
22 M = 10 cm breit.
28 R = 10 cm hoch.

AUSFÜHRUNG: Anschlag 32 M. Im Muster stricken. Nach 28 R ab Anschlag die ersten und letzten 9 M liegen lassen und über die mittleren 14 M weiterstricken, dabei beidseitig in der 5. + 11. R 1 M abnehmen = 10 M (= Rist-M). Noch 7 R stricken, dann die M liegen lassen. Für den Fuß wie folgt weiterstricken: Die liegen gelassenen 9 M, 12 M aus der re Seitenkante des Ristes auffassen, 10 Rist-M, 12 M der li Seitenkante auffassen, die restlichen liegen gelassenen 9 M auf die Nadel nehmen = 52 M. Über alle M weiterstricken. Nach 13 R für die Rundung 16 M stricken, 10x2 M re zusammenstricken, 16 M stricken = 42 M. Noch 8 R stricken, dann den Schuh in der Mitte falten und auf der Rückseite mit 1 Hilfsnadel die je 21 M locker abketten. Die Naht schließen. Den 2. Schuh genauso stricken.

Süße Erstlingsausstattung für's Baby

115

FÜR PRINZESSIN UND PRINZ

PRINZESSINNEN-
PULLOVER

GRÖSSE:

62/68/74

MODELLMASSE:

Oberweite 52/56/60 cm

Länge 26/28/30 cm

MATERIAL:

- LANG YARNS MERINO 200 BÉBÉ
  (100 % Schurwolle, LL 203 m / 50 g):
  100 g Rosa 71.0409
- Stricknadel Nr. 3 und 3½
- 1 Nadelspiel Nr. 3
- 3 Knöpfe

MUSTER I:

Nadel Nr. 3: Perlmuster: Vorderseite: 1 M re, 1 M li. Rückseite: 1 M li, 1 M re, d. h. versetzt zur Vorderseite stricken.

MUSTER II:

Nadel Nr. 3 + 3½: glatt re = Vorderseite re, Rückseite li.

MUSTER III:

Nadel Nr. 3: 1 M re, 1 M li.

MASCHENPROBE:

Muster II, Nadel Nr. 3½:

26 M = 10 cm breit.

34 R = 10 cm hoch.

RÜCKENTEIL: Anschlag 70/76/82 M. 8 R im Muster I stricken. Im Muster II weiterstricken. **ARMAUSSCHNITTE:** Bei 14/15/16 cm ab Anschlag beidseitig jede 2. R 1x2 M abketten und 4x1 M abnehmen = 58/64/70 M. **RÜCKENSCHLITZ:** Gleichzeitig bei 16/18/20 cm ab Anschlag auf der Vorderseite bis zu den mittleren 6 M stricken, für den **ÜBERTRITT** 5 M Muster I, 1 Rand-M. Wenden und mit diesen 32/35/38 M die re Rückenseite beenden. Bei 2 cm Schlitzhöhe 1 Knopfloch einstricken. Dafür 2 M stricken, die 3. + 4. M verschränkt zusammenstricken, 1 U um die Nadel legen. Bei 5 und 8 cm Schlitzhöhe wiederholen. **SCHULTERN:** Bei 25/27/29 cm ab Anschlag an der li Kante jede 2. R 2x8 M / 2x9 M / 1x9 M + 1x10 M abketten. **HALSAUSSCHNITT:** Gleichzeitig mit Schulterbeginn an der Schlitzkante jede 2. R 1x 10/11/13 M und 1x6 M abketten. Mit den restlichen M die li Seite gegengleich stricken, dabei für den Untertritt 6 M neu dazu anschlagen und keine Knopflöcher arbeiten.

VORDERTEIL: Zunächst wie das Rückenteil stricken. **FALSCHE TASCHEN:** Bei 7 cm ab Anschlag auf der Vorderseite wie folgt stricken: 1 Rand-M, 9/11/13 M re, 16 M li, 18/20/22 M re, 16 M li, 9/11/13 M re, 1 Rand-M. Im Muster II weiterstricken. Die Armausschnitte in gleicher Höhe und wie am Rücken arbeiten = 58/64/70 M. **HALSAUSSCHNITT:** Bei 22/24/26 cm ab Anschlag die mittleren 6/8/12 M abketten und beidseitig davon jede 2. R noch 1x4 M, 1x3 M, 1x2 M und 1x1 M abketten. Die Schultern beidseitig in gleicher Höhe und wie am Rückenteil arbeiten. **TASCHENBORTEN:** Mit Nadel Nr. 3 aus den je 16 li gestrickten M 16 M auffassen. 4 R Muster I stricken. Anschließend auf der Rückseite der Arbeit locker abketten und die Schmalkanten festnähen.

ÄRMEL: Anschlag 42/44/46 M. 8 R im Muster I stricken. Im Muster II weiterstricken, dabei beidseitig 9x1 M jede 6. R / 10x1 M jede 6. R / 13x1 M abwechselnd jede 4. + 6. R aufnehmen = 60/64/72 M. **ARMKUGEL:** Bei 18/20/22 cm ab Anschlag beidseitig jede 2. R 1x3 M und 3x 5/6/7 M abketten. Bei 2 cm Armkugelhöhe die restlichen M locker abketten.

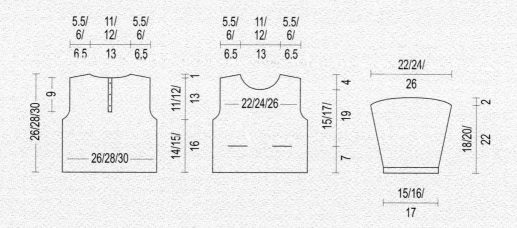

AUSARBEITEN: Nähte schließen. **HALSBORTE:** Mit dem Nadelspiel Nr. 3 ca. 67/71/75 M auffassen, dabei beidseitig je 3 M der Schlitzborte frei lassen (Rücken = je 14/15/16 M, Vorderteil = 39/41/43 M). 4 R Muster III stricken. Nun die Arbeit in der vorderen Mitte teilen und jede Seite separat beenden. Im Muster I weiterstricken, dabei die Mittel-M verdoppeln. Nach 9/11/11 R ab Musterwechsel für die Rundung beidseitig jede 2. R 2x1 M und 1x2 M abketten, dann die restlichen M im Muster locker abketten. Die Anschlag-Kante vom Untertritt hinter den Übertritt nähen. Knöpfe annähen. Ärmel einsetzen.

PRINZEN-SCHUHE

Fußlänge ca. 9/10/11 cm

MATERIAL:

- LANG YARNS MERINO 200 BÉBÉ
  (100 % Schurwolle, LL 203 m / 50 g):
  50 g Blau 71.0372
  oder Rosa 71.0409
- LANG YARNS DOUDOU
  (100 % Polyamid, LL 155 m / 50 g):
  50 g Hellblau 884.0020
  oder Rosa 884.0009
  1 Nadelspiel Nr. 3

MASCHENPROBE:

Muster II, Nadel Nr. 3½:
26 M = 10 cm breit.
34 R = 10 cm hoch.

MUSTER I:

Nadel Nr. 3: 1 M re, 1 M li.

MUSTER II:

Nadel Nr. 3 + 3½: glatt re = Vorderseite re, Rückseite li.

MUSTER III:

Nadel Nr. 3: Perlmuster: 1. Rd: 1 M re, 1 M li. 2. Rd: 1 M li, 1 M re, d. h. versetzt zur 1. Rd stricken.

FÜR WELCHEN PRINZEN SIND DIE BLAUEN SCHUHE?

ARBEITSFOLGE: Anschlag 30/34/38 M locker mit Nadelspiel Nr. 3. Im Muster I rundstricken, dabei nach 2 Rd 1 Lochrunde arbeiten (fortlaufend 1 überzogene Abnahme, 1 U). Bei 5 cm ab Anschlag im Muster II weiterstricken. Bei 8 cm ab Anschlag die Ferse arbeiten: Mit den letzten und ersten 8/9/10 M (= 16/18/20 M) der Rd offen glatt re stricken, dabei beidseitig Rand-M anstatt Knötchen arbeiten. Bei 14/16/18 R Fersenhöhe auf der Vorderseite bis zur Mitte stricken.

KÄPPCHEN: Von der Mitte aus 3 M re stricken, *1 überzogene Abnahme (=1 M abheben, 1 M re stricken und die abgehobene M über die gestrickte M ziehen), wenden. Auf der Rückseite die 1. M li abheben mit dem Faden vor der Arbeit, 6 M li, 2 M li zusammenstricken, wenden. Auf der Vorderseite die 1. M li abheben mit dem Faden hinter der Arbeit, re stricken bis 1 M vor die Lücke*. Von * zu * wiederholen bis beidseitig alle M aufgebraucht sind. Nun wie folgt re rundstricken: Die 8 Käppchen-M re stricken, aus der Fersenkante 7/8/9 Rist-M auffassen, die 14/16/18 wartenden M re stricken, aus der 2. Fersenkante 7/8/9 Rist-M auffassen = 36/40/44 M, 4 M bis zum Rd-Beginn stricken. In der folgenden Rd die Rist-Abnahme beginnen: 9/10/11 M re, 2 M re zusammenstricken, 14/16/18 M re, 1 überzogene Abnahme, 9/10/11 M re bis zum Rd-Ende. Die Rist-Abnahme 2x jede 2. Rd beidseitig von 14/16/18 Mittel-M wiederholen. Mit den restlichen 30/34/38 M gerade stricken bis 8,5/9,5/10,5 cm ab Fersenmitte. Anschließend die Schlussabnahme wie folgt stricken:

1. RD: *3 M re, 2 M re zusammenstricken*, von * zu * stets wiederholen, enden mit 0/4/3 M re = 24/28/31 M.

2.-4. RD: gerade stricken.

5. RD: *2 M re, 2 M re zusammenstricken *, von * zu * stets wiederholen, enden mit 0/0/3 M re = 18/21/24 M.

6. + 7. RD: gerade stricken.

8. RD: *1 M re, 2 M re zusammenstricken *, von * zu * stets wiederholen = 12/14/16 M.

9. RD: gerade stricken.

10. RD: fortlaufend 2 M re zusammenstricken.

Faden abschneiden und durch die restlichen 6/7/8 M ziehen. Für den oberen Rand das Söckchen wenden, aus der Anschlag-Kante 30/34/38 M auffassen. 1 Rd re stricken, in der folgenden Rd jede M 1x re und 1x li stricken = 60/68/76 M. 8 Rd im Muster III stricken, locker abketten. Den oberen Rand ca. 5 cm nach außen umlegen. 2 Kordeln aus MERINO 200 und DOUDOU zusammen von ca. 34 cm Länge anfertigen und in die Lochrunde einziehen.

DER KRAGEN SIEHT AUS
WIE MIT PERLEN BESETZT!

123

SOMMERJÄCKCHEN

GRÖSSE:
62–68/74–80/86–92/98

MODELLMAßE:
Oberweite 46/50/56/62 cm
Länge 27/29/32/36 cm

MATERIAL:
- LANG YARNS MERINO 150 (100 % Schurwolle, LL 150 m / 50 g): 150/200/200/250 g Lachs 197.0028
- Stricknadel Nr. 3 und 3½
- 1 kurze Rundstricknadel Nr. 3
- 1 Knopf und 1 Druckknopf

MUSTER I:
Nadel Nr. 3: 1 M re, 1 M li.

MUSTER II:
Nadel Nr. 3½: Ajourmuster: Gemäß Strickschrift. Das Schema zeigt die R der Vorderseite. In den Rück-R die M stricken, wie sie erscheinen, die U li stricken. Die 1.–16. R stets wiederholen.

TIPP:
Wenn an den re und li Kanten die M-Zahl für einen Rapport nicht mehr ausreicht, die M glatt li stricken (= Vorderseite li, Rückseite re).

MASCHENPROBE:
Muster II, Nadel Nr. 3½:
27 M = 10 cm breit.
36 R = 10 cm hoch.

RÜCKENTEIL: Anschlag 91/97/103/109 M. Im Muster I stricken, dabei mit 1 M li beginnen. Bei 2 cm ab Anschlag im Muster II weiterstricken, dabei nach der Rand-M bei Pfeil A beginnen, den Rapport stets wiederholen und vor der Rand-M bei Pfeil a enden. Für die seitliche Schrägung beidseitig jede 4. R / jede 4. R / abwechselnd jede 4. + 6. R / jede 6. R 12x1 M abnehmen = 67/73/79/85 M. Bei 18/19/21/23 cm ab Anschlag (hängend messen) beidseitig 1x1/2/1/1 M abketten. Anschließend für den Raglan beidseitg jede 2. R 16/17/20/22x1 M abnehmen. Bei 9/10/11/13 cm Raglanhöhe die restlichen 33/35/37/39 M abketten.

LINKES VORDERTEIL: Anschlag 58/62/66/70 M. Im Muster I stricken. Bei 2 cm ab Anschlag im Muster II weiterstricken, dabei nach der Rand-M bei Pfeil A beginnen, den Rapport stets wiederholen und vor der Rand-M bei Pfeil b/c/d/e enden. Für die seitliche Schrägung an der re Kante jede 4. R / jede 4. R / abwechselnd jede 4. + 6. R / jede 6. R 12x1 M abnehmen = 46/50/54/58 M. Bei 18/19/21/23 cm ab Anschlag an der re Kante 1x1/2/1/1 M abketten. Anschließend den Raglan wie am Rückenteil arbeiten. HALSAUSSCHNITT: Bei 24/26/29/33 cm ab Anschlag an der li Kante jede 2. R 1x12/14/16/16 M, 1x7 M, 1x4 M, 1x/1x/1x/2x2 M und 1x1 M abketten. Bei 9/10/11/13 cm Raglanhöhe die restlichen 3 M abketten.

RECHTES VORDERTEIL: Gegengleich zum li Vorderteil stricken, jedoch 2 R vor Beginn des Halsausschnittes 1 Knopfloch wie folgt einstricken: 3 M stricken, die folgenden 2 M abketten, ohne sie zu stricken, 2 U um die Nadel legen. Die R zu Ende stricken. In der Rück-R die U verschränkt stricken.

ÄRMEL: Anschlag 42/44/48/52 M. Im Muster I stricken. Bei 2 cm ab Anschlag im Muster II weiterstricken, dabei für Größe 62+68 / 86–92 nach der Rand-M bei Pfeil A beginnen und 1 M aufnehmen, und für Größe 74–80 / 98 eine R wie folgt stricken: 1 Rand-M, 1/2 M li, bei Pfeil A weiterstricken und 1 M aufnehmen = 43/45/49/53 M. Für die seitliche Schrägung jede 2. R 2x1 M aufnehmen = 47/49/53/57 M. Bei 4 cm ab Anschlag beidseitig 1x1/2/1/1 M abketten. Anschließend den Raglan wie beim Rückenteil arbeiten. Bei 9/10/11/13 cm Raglanhöhe die restlichen 13/11/11/11 M locker abketten.

Das Muster erinnert mich an viele kleine Türmchen...

AUSARBEITEN. Nähte schließen, dabei die Raglannähte mit kurzen Stichen nähen. **VORDERTEILKANTEN:** Mit Nadel Nr. 3 je 77/83/91/99 M auffassen. Im Muster I stricken. Bei 1,5 cm Bortenhöhe die M italienisch abketten. **HALSBORTE:** Mit der Rundstricknadel ca. 131/133/139/145 M (= Vorderteile inkl. Schmalkanten der Verschlussborte je 38/40/42/44 M, Ärmel je 11/9/9/9 M, Rückenteil 33/35/37/39 M) auffassen. Im Muster I stricken. Bei 1,5 cm Bortenhöhe die M italienisch abketten. Zur Fixierung des li Vorderteils den Druckknopf auf die Halsborte nähen. Knopf annähen.

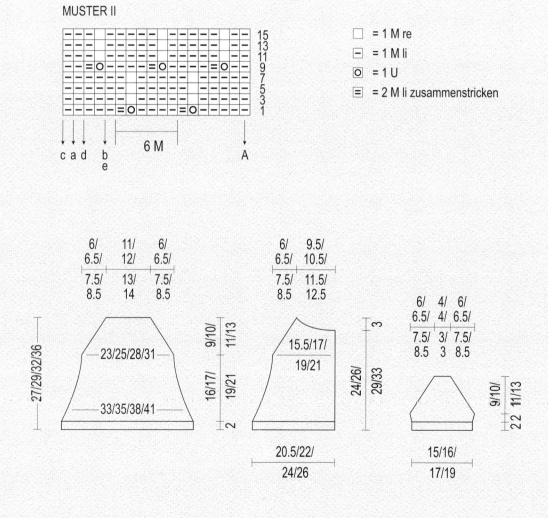

FRANZÖSISCHER CHIC FÜR WARME TAGE

GEMÜTLICHES KAPUZENKLEID

GRÖSSE:
80–86/92–98/104

MODELLMASSE:
Oberweite 58/64/68 cm
Länge 38/41/44 cm

MATERIAL:
- LANG YARNS MERINO+ (100 % Schurwolle, LL 90 m / 50 g): 350/400/450 g Lachs 152.0328 oder Offwhite 152.0002
- Stricknadel Nr. 5
- 1 Häkelnadel Nr. 4½
- 1 Reißverschluss ca. 58/60/62 cm lang

MUSTER:
Nadel Nr. 5: Rippen = Vorder- und Rückseite re.

MASCHENPROBE:
Nadel Nr. 5:
17 M = 10 cm breit.
36 R = 10 cm hoch.

TIPP:
Um eine schöne Naht zu erhalten, die Arbeit an der Schulter und der Kapuze am Rückenteil auf der Rückseite und am Vorderteil auf der Vorderseite beenden.

VORDERTEIL: Anschlag 68/74/78 M. Im Muster stricken. Für die Taillierung beidseitig jede 10./10./abwechselnd jede 10. + 12. R 9x1 M abnehmen = 50/56/60 M. ARMAUSSCHNITTE: Bei 26/28/30 cm ab Anschlag (hängend messen) beidseitig 1x2 M abketten und jede 2. R 3x1 M abnehmen = 40/46/50 M. SCHLITZ: Bei 5/6/7 cm Armausschnitthöhe die Arbeit in der Mitte teilen und beide Seiten separat fertig stricken = je 20/23/25 M. Gerade weiterstricken. SCHULTERN: Bei 12/13/14 cm Armausschnitthöhe beidseitig 9/10/11 M abketten. Die restlichen je 11/13/14 M für den Halsausschnitt liegen lassen.

RECHTES RÜCKENTEIL: Anschlag 34/37/39 M. Im Muster stricken. Für die Taillierung an der re Kante jede 10./10./abwechselnd jede 10. + 12. R 9x1 M abnehmen = 25/28/30 M. Den Armausschnitt und die Schulter an der re Kante in gleicher Höhe und wie am Vorderteil arbeiten. HALSAUSSCHNITT: Die restlichen 11/13/14 M wie am Vorderteil liegen lassen.

LINKES RÜCKENTEIL: Gegengleich zum re Rückenteil arbeiten.

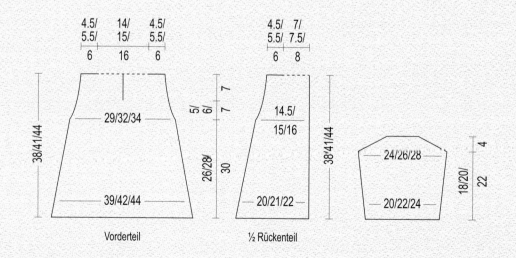

Vorderteil   ½ Rückenteil

SO BEQUEM – AUCH ZUM TOBEN!

MEINE BESTE FREUNDIN HAT
FAST DAS GLEICHE KLEID WIE ICH!

ÄRMEL: Anschlag 36/40/44 M. Im Muster stricken. Bei 4 cm ab Anschlag beidseitig 1 M aufnehmen, anschließend für die seitliche Schrägung beidseitig 3x/3x/2x1 M jede 16./18./20. R aufnehmen = 42/46/50 M. **ARMKUGEL:** Bei 18/20/22 cm ab Anschlag beidseitig 1x2 M abketten und jede 2. R 8x1 M abnehmen. Bei 4 cm Armkugelhöhe die restlichen M abketten.

AUSARBEITEN: Seitennähte schließen. Re Kapuzenhälfte: Die liegen gelassenen M der re Vorder- und Rückenteilhälfte = 22/26/28 M auf eine Nadel nehmen und im Muster I stricken. Für die Rundung an der re Kante 9x1 M jede 4. R aufnehmen = 31/35/36 M. Bei 20/22/25 cm Kapuzenhöhe die M liegen lassen. Die li Kapuzenhälfte gegengleich zur re Hälfte arbeiten. Anschließend die M beider Hälften im M-Stich schließen. Schulternähte schließen. Die Gesichtsöffnung der Kapuze und den Schlitz mit 1 R feste M abhäkeln. Beidseitig bei 3 cm Schlitzhöhe einen Bändel aus Luft-M ca. 20 cm lang anhäkeln. Die Kanten des Rücken- und Kapuzenteils ebenfalls mit 1 R feste M abhäkeln. 1 Luft-M-Kette von ca. 15 cm Länge häkeln und an der Kapuzenspitze annähen. Den Reißverschluss mit der Öffnung an der unteren Kante des Rücken- und Kapuzenteils heften und verdeckt annähen. Die Reißverschlussblende mit 4 M arbeiten. Ärmel einsetzen.

UND WENN ICH MÜDE BIN, KANN ICH MICH WUNDERBAR DARIN EINKUSCHELN

STRICKJACKE MIT TASCHEN

GRÖSSE:
68–74/80–86/92–98/104

MODELLMASSE:
Oberweite 54/56/60/64 cm
Länge 28/30/32/35 cm

MATERIAL:
- LANG YARNS GAMMA
  (100 % Baumwolle, LL 165 m / 50 g):
  200/200/250/250 g Rot 837.0061
- Stricknadel Nr. 4
- 1 Hilfsnadel
- 5 Knöpfe

MUSTER:

Nadel Nr. 4: Längsrippen:
1. R Vorderseite: *1 M re, 4 M li*, von * zu * stets wiederholen.
2. R Rück-R: Die M stricken, wie sie erscheinen. 3. R Vorderseite: *1 Patent-M (= 1 M re, dabei 1 R tiefer einstechen), 4 M li*, von * zu * stets wiederholen. 4. R Rück-R: Die M stricken, wie sie erscheinen.
1x die 1. + 2. R stricken, anschließend die 3. + 4. R stets wiederholen.

MASCHENPROBE:
Muster, Nadel Nr. 4:
25 M = 10 cm breit.
38 R = 10 cm hoch.

RÜCKENTEIL: Anschlag 70/73/77/82 M. Im Muster stricken, dabei mit 1 Rand-M, 1/0/2/2 M li beginnen, den Rapport stets wiederholen und mit 1 M re, 1/0/2/2 M li, 1 Rand-M enden. **ARMAUSSCHNITTE**: Bei 17/18/19/21 cm ab Anschlag beidseitig jede 2. R 1x3 M abketten und 4x/4x/4x/5x1 M abnehmen = 56/59/63/66 M. **SCHULTERN**: Bei 10/11/12/13 cm Armausschnitthöhe beidseitig jede 2. R 1x7 M + 1x8 M / 1x7 M + 1x8 M / 2x8 M / 2x8 M abketten. **HALSAUSSCHNITT**: Gleichzeitig mit Schulterbeginn die mittleren 22/25/27/30 M abketten und beidseitig davon nach 2 R noch 1x2 M abketten.

INNENTASCHE (2x stricken): Anschlag 27 M. Im Muster 8 cm stricken, dabei mit 1 Rand-M, 2 M li beginnen, den Rapport stets wiederholen und mit 2 M li, 1 Rand-M enden. In der letzten R beidseitig 1 Rand-M abnehmen und die restlichen 25 M liegen lassen.

RECHTES VORDERTEIL: Anschlag 43/44/47/49 M. Im Muster stricken, dabei mit 1 Rand-M, 4 M li beginnen. Bei 2 cm ab Anschlag 2 Knopflöcher wie folgt einstricken: 1 Rand-M, 1 M stricken, die folgenden 2 M abketten, ohne sie zu stricken, 2 U um die Nadel legen, 3 M stricken, die folgenden 2 M abketten, ohne sie zu stricken, 2 U um die Nadel legen, die R zu Ende stricken. In der Rück-R die U verschränkt stricken. Diese Knopflöcher mit abwechselnd 16+18 / 18+20 / 20+22 / 22+24 Zwischen-R noch 4x wiederholen. **TASCHE**: Bei 11 cm ab Anschlag auf der Vorderseite 13 M stricken, die folgenden 25 M im Muster abketten und an deren Stelle die 25 M der Innentasche einfügen; die restlichen 5/6/9/11 M stricken. Den Armausschnitt an der li Kante in gleicher Höhe und wie beim Rückenteil arbeiten = 36/37/40/41 M. **HALSAUSSCHNITT**: Bei 23/25/27/29 cm ab Anschlag in einer Rück-R bis zu den letzten 5 M stricken, die Arbeit wenden und die nicht gestrickten M auf 1 Hilfsnadel hinter die Arbeit legen und jeweils 1 M beider Nadeln re zusammenstricken und gleichzeitig abketten. Anschließend jede 2. R noch 1x3/3/5/5 M, 1x2 M abketten und 6x/7x/7x/8x1 M abnehmen. Die Schulter in gleicher Höhe und wie am Rückenteil schrägen.

*ICH WILL
DIE GANZE WELT UMARMEN!*

LINKES VORDERTEIL: Gegengleich zum re Vorderteil arbeiten, dabei die Knopflöcher weglassen.

ÄRMEL: Anschlag 39/39/43/43 M. Im Muster stricken, dabei mit 1 Rand-M, 3/3/0/0 M li beginnen und mit 1 M re, 3/3/0/0 M li, 1 Rand-M enden. Für die seitliche Schrägung beidseitig jede 8. R 9x1 M / jede 8. R 10x1 M / abwechselnd jede 8. + 10. R 10x1 M / jede 8. R 11x1 M aufnehmen = 57/59/63/65 M. Die neu aufgenommenen M sobald wie möglich im Muster mitstricken. **ARMKUGEL:** Bei 20/22/24/25 cm ab Anschlag beidseitig jede 2. R 5x/5x/6x/6x abwechselnd (1x2 M und 1x1 M) abketten, anschließend noch jede 2. R 1x2 M abketten und 3x1 M abnehmen. Bei 7/7/8/8 cm Armkugelhöhe die restlichen M abketten.

AUSARBEITEN: Nähte schließen. Die Verschlussborten auf der Rückseite annähen. Die Schmalkanten an die Anschlag-Kanten nähen. **KRAGEN:** Mit Nadel Nr. 4 ca. 74/78/82/86 M auffassen (Rücken = 30/32/34/36 M, Vorderteile = je 22/23/24/25 M), dabei nach der Verschlussborte beginnen und vor der Verschlussborte enden. 1 Rück-R re stricken und gleichzeitig abketten. Die Innentaschen annähen. Ärmel einsetzen. Knöpfe annähen.

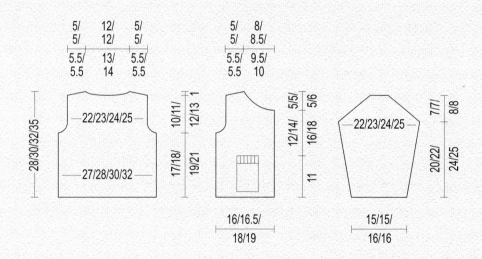

IN DEN TASCHEN KANN ICH
MEINE SCHÄTZE VERSTECKEN

BOLEROJÄCKCHEN

GRÖSSE:
68–74/80/86–92

MODELLMAßE:
Oberweite 52/54/58 cm
Länge 17/18/20 cm

MATERIAL:
- LANG YARNS SOL LUXE
  (78 % Baumwolle, 22 % Polyester,
  LL 100 m / 50 g): 150/200/200 g
  Grün 840.0058
- Stricknadel Nr. 6 und 7
- 1 Knopf

MATERIALVARIANTE:
- LANG YARNS SOL COLOR
  (100 % Baumwolle, LL 100 m / 50 g):
  150/200/200 g
  Grün meliert 866.0017

MUSTER I:
Nadel Nr. 6: 1 M re, 1 M li.

MUSTER II:
Nadel Nr. 7: glatt li = Vorderseite li,
Rückseite re.

TIPP:
Die Rand-M ebenfalls im entsprechenden Muster stricken und bei der Montage die Nähte nur eine halbe Rand-M tief nähen.

MASCHENPROBE:
Muster II, Nadel Nr. 7:
17 M = 10 cm breit.
24 R = 10 cm hoch.

RÜCKENTEIL: Anschlag 47/49/53 M. Im Muster I stricken. Bei 2 cm ab Anschlag im Muster II weiterstricken.
ARMAUSSCHNITTE: Bei 6/6/7 cm ab Anschlag beidseitig jede 2. R 1x2 M abketten und 3x1 M abnehmen = 37/39/43 M.
HALSAUSSCHNITT: Bei 15/16/18 cm ab Anschlag die mittleren 15/17/19 M abketten und beidseitig davon nach 2 R noch 1x1 M abketten. **SCHULTERN:** Bei 10/11/12 cm Armausschnitthöhe beidseitig jede 2. R 2x5 M / 2x5 M / 1x5 M + 1x6 M abketten.

LINKES VORDERTEIL: Anschlag 23/25/27 M. Im Muster I stricken, dabei mit 1 M li beginnen. Bei 2 cm ab Anschlag im Muster II weiterstricken. Den Armausschnitt an der re Kante in gleicher Höhe und wie am Rückenteil arbeiten.
HALSAUSSCHNITT: Bei 12/13/15 cm ab Anschlag an der li Kante jede 2. R 1x3/5/6 M, 1x2 M abketten und 3x1 M abnehmen. Die Schulter in gleicher Höhe und wie am Rückenteil schrägen.

RECHTES VORDERTEIL: Gegengleich zum li Vorderteil stricken.

ÄRMEL: Anschlag 28/30/32 M. Im Muster I stricken. Bei 2 cm ab Anschlag im Muster II weiterstricken. Für die seitliche Schrägung beidseitig abwechselnd jede 8. + 10. R 4x1 M /jede 10. R 4x1 M / jede 10. R 4x1 M = 36/38/40 M zunehmen.
ARMKUGEL: Bei 18/20/22 cm ab Anschlag beidseitig jede 2. R 1x3 M, 2x/2x/3x2 M und 2x3 M abketten. Bei 4/4/5 cm Armkugelhöhe die restlichen M abketten.

AUSARBEITEN: Nähte schließen. **VERSCHLUSSBORTE:** Mit Nadel Nr. 6 aus den Vorderteilkanten ca. 27/29/33 M auffassen. Im Muster I stricken. Bei 2 cm Bortenhöhe alle M italienisch abketten. **HALSBORTE:** Mit Nadel Nr. 6 ca. 59/63/67 M auffassen. 3 R im Muster I stricken. In der 2. R an der re Kante 1 Knopfloch wie folgt einstricken: 3 M stricken, die folgenden 2 M abketten, ohne sie zu stricken, 2 U um die Nadel legen, die R zu Ende stricken. In der Rück-R die U verschränkt stricken. Nach 3 R die M italienisch abketten. Ärmel einsetzen. Knopf annähen.

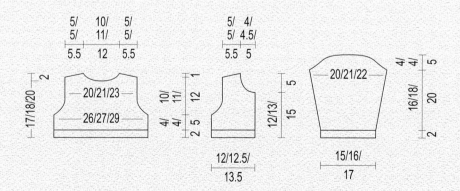

DIE PASST WUNDERBAR ZU MEINEM NEUEN KLEID

LANGES BABY-JÄCKCHEN

GRÖSSE:
62/68–74/80–86/92

MODELLMAßE:
Oberweite 50/52/54/56 cm
Länge 27/30/32/33 cm

MATERIAL:
- LANG YARNS MERINO 120
(100 % Schurwolle, LL 120 m / 50 g):
200/250/250/300 g
Grau mélange 34.0223
oder Offwhite 34.0002
- Stricknadel Nr. 4
- 5 Knöpfe

MUSTER:

Nadel Nr. 4: Rippen = Vorder- und Rückseite re.

MÜTZE:

Die Anleitung für die Mütze finden Sie auf S. 113.

MASCHENPROBE:

Nadel Nr. 4:
22 M = 10 cm breit.
44 R = 10 cm hoch.

WOLLIGES ENSEMBLE
FÜR DIE KLEINEN LIEBLINGE

RÜCKENTEIL: Anschlag 58/60/62/64 M. Im Muster stricken. **ARMAUSSCHNITTE:** Bei 16/18/19/20 cm ab Anschlag (hängend messen) beidseitig 1x2 M abketten und jede 2. R 4x1 M abnehmen = 46/48/50/52 M. **HALSAUSSCHNITT:** Bei 26/29/31/32 cm ab Anschlag die mittleren 18/20/20/22 M abketten und beidseitig davon nach 2 R noch 1x2 M abketten. Bei 27/30/32/33 cm ab Anschlag die restlichen je 12/12/13/13 M für die Schultern abketten.

LINKES VORDERTEIL: Anschlag 34/35/36/37 M. Im Muster stricken, dabei bei ca. 1 cm ab Anschlag an der li Kante wie folgt 1 Knopfloch einstricken: Stricken bis zu den letzten 5 M, die folgenden 2 M abketten, ohne sie zu stricken, 2 U um die Nadel legen, die R zu Ende stricken. In der Rück-R die U verschränkt stricken. Dieses Knopfloch mit 22/24/26/28 Zwischen-R noch 4x wiederholen. Den Armausschnitt an der re Kante in gleicher Höhe und wie am Rückenteil arbeiten. **HALSAUSSCHNITT:** Bei 23/26/28/29 cm ab Anschlag an der li Kante jede 2. R 1x6/7/7/8 M, 3x2 M abketten und 4x1 M abnehmen. Bei 4 cm Halsausschnitthöhe die restlichen 12/12/13/13 M für die Schulter abketten.

RECHTES VORDERTEIL: Gegengleich zum li Vorderteil stricken, jedoch ohne Knopflöcher.

ÄRMEL: Anschlag 34/36/36/38 M. Im Muster stricken. Für die seitliche Schrägung beidseitig 5x/6x/7x/8x1 M jede 16./12./12./12. R aufnehmen = 44/48/50/54 M. **ARMKUGEL:** Bei 20/20/22/24 cm ab Anschlag beidseitig jede 2. R 1x2 M und jede 4. R 5x/5x/5x/6x1 M abnehmen, anschließend jede 2. R 3x/4x/4x/5x1 M abnehmen und 1x2 M, 1x3 M abketten. Bei 7/8/8/9 cm Armkugelhöhe die restlichen M abketten.

AUSARBEITEN: Nähte schließen. **HALSBORTE:** Ca. 65/69/71/75 M (= Vorderteile je 21/22/23/24 M, Rücken = 23/25/25/27 M) auffassen. 4 R im Muster stricken, anschließend auf der Rückseite locker abketten. Ärmel einsetzen. Knöpfe annähen.

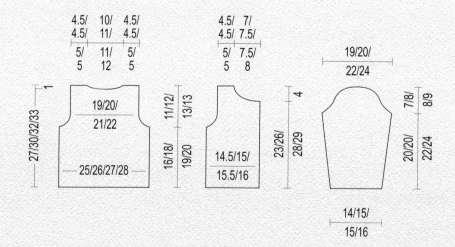

WOLLWEIß
FÜR DIE GANZ KLEINEN

151

HOODIE FÜR AUTOFREUNDE

GRÖSSE:
62–68/74–80/86–92/98–104

MODELLMAßE:
Oberweite 54/58/62/66 cm
Länge 31/33/35/37 cm

MATERIAL:
- LANG YARNS MERINO 150
  (100 % Schurwolle, LL 150 m / 50 g):
  200/250/250/300 g Blau 197.0133
- Stricknadel Nr. 3 und 3½
- 1 lange Rundstricknadel Nr. 3
- 4 Knöpfe

MUSTER I:
Nadel Nr. 3: 1 Rand-M, *1 M li, 2 M re, 1 M li*, von * zu * stets wiederholen, enden mit 1 Rand-M. In den folgenden R die M stricken, wie sie erscheinen.

MUSTER II:
Nadel Nr. 3½: glatt re = Vorderseite re, Rückseite li.

MUSTER III:
Nadel Nr. 3½: Automotiv 1: gemäß Strickschrift. Das Schema zeigt die R der Vorder- und Rückseite. 1x die 1.–25. R stricken.

MUSTER IV:
Nadel Nr. 3½: Automotiv 2: Gemäß Strickschrift. Das Schema zeigt die R der Vorder- und Rückseite. 1x die 1.–20. R stricken.

MASCHENPROBE:
Muster II, Nadel Nr. 3½:
26 M = 10 cm breit.
34 R = 10 cm hoch.

RÜCKENTEIL: Anschlag 74/78/82/88 M. Im Muster I stricken. Bei 3 cm ab Anschlag im Muster II weiterstricken. ARMAUSSCHNITTE: Bei 19/20/21/22 cm ab Anschlag beidseitig jede 2. R 2x2 M abketten und 3x/3x/4x/4x1 M abnehmen = 60/64/66/72 M. SCHULTERN: Bei 11/12/13/14 cm Armausschnitthöhe beidseitig jede 2. R 3x5 M / 2x5 M + 1x6 M / 1x5 M + 2x6 M / 2x6 M + 1x7 M abketten. HALSAUSSCHNITT: Gleichzeitig mit Schulterbeginn die mittleren 26/28/28/30 M abketten und beidseitig davon nach 2 R noch 1x2 M abketten.

LINKES VORDERTEIL: Anschlag 34/38/42/46 M. Im Muster I stricken. Bei 3 cm ab Anschlag Muster II weiterstricken, dabei in der 1. R für Größe 62–68 2 M aufnehmen = 36/38/42/46 M. Bei 6/7/8/9 cm ab Anschlag über die mittleren 26 M das Automotiv 1 (Muster III) einstricken. Anschließend im Muster II weiterstricken. ARMAUSSCHNITT: Bei 19/20/21/22 cm ab Anschlag an re Kante jede 2. R 2x2 M abketten und 3x/3x/4x/4x1 M abnehmen = 29/31/34/38 M. HALSAUSSCHNITT: Bei 27/29/31/33 cm ab Anschlag an der li Kante jede 2. R 1x6/7/8/10 M, 1x3 M, 1x2 M abketten und 3x/3x/4x/4x1 M abnehmen. Die Schulter an der re Kante in gleicher Höhe und wie am Rückenteil arbeiten.

RECHTES VORDERTEIL: Anschlag 34/38/42/46 M. Im Muster I stricken. Bei 3 cm ab Anschlag Muster II weiterstricken, dabei in der 1. R für Größe 62–68 2 M aufnehmen = 36/38/42/46 M. ARMAUSSCHNITT: Bei 19/20/21/22 cm ab Anschlag an li Kante jede 2. R 2x2 M abketten und 3x/3x/4x/4x1 M abnehmen = 29/31/34/38 M. Bei 20/21/22/23 cm ab Anschlag das Automotiv 2 (Muster IV) 4/5/7/9 M von der re Kante entfernt einstricken. Anschließend im Muster II weiterstricken. HALSAUSSCHNITT: Bei 27/29/31/33 cm ab Anschlag an der re Kante 1x6/7/8/10 M, 1x3 M, 1x2 M abketten und 3x/3x/4x/4x1 M abnehmen. Die Schulter an der li Kante in gleicher Höhe und wie am Rückenteil arbeiten.

AUTOS FINDE
ICH KLASSE!

MUSTER III: AUTOMOTIV 1

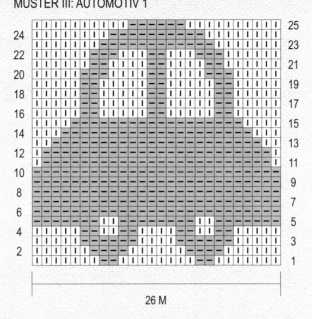

26 M

MUSTER IV: AUTOMOTIV 2

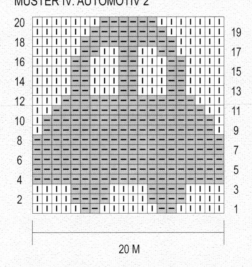

20 M

| = 1 M Vorderseite re, Rückseite li
− = 1 M Vorderseite li, Rückseite re

ÄRMEL: Anschlag 42/46/50/50 M. Im Muster I stricken. Bei 3 cm ab Anschlag im Muster II weiterstricken. Für die seitliche Schrägung abwechselnd jede 8. + 10. R 6x1 M / abwechselnd jede 10. + 12. R 5x1 M / jede 12. R 5x1 M / jede 10. R 7x1 M aufnehmen = 54/56/60/64 M. ARMKUGEL: Bei 20/21/23/24 cm ab Anschlag beidseitig jede 2. R 1x3 M, 3x/3x/5x/5x2 M, 2x3 M und 1x4 M abketten. Bei 4/4/5/5 cm Armkugelhöhe die restlichen M locker abketten.

KAPUZE: Anschlag 122/122/126/126 M. Im Muster II stricken. Bei 12/12/13/13 cm ab Anschlag beidseitig jede 2. R 1x16 M und 2x17 M abketten. Bei 33/33/34/34 cm ab Anschlag die restlichen 22/22/26/26 M abketten.

AUSARBEITEN: Nähte schließen. Kapuze in den Halsausschnitt nähen. Verschlussborte mit Kapuzenrand: Mit der Rundstricknadel ca. 242/250/266/278 M (Vorderteilkanten je 63/67/72/78 M, Kapuze 116/116/122/122 M) auffassen. Im Muster I stricken, dabei die 1. R (Rück-R) mit 1 Rand-M, 1 M re, 2 M li beginnen und gegengleich enden. Bei ca. 1 cm Bortenhöhe in die re Verschlussborte verteilt 4 Knopflöcher wie folgt einstricken: Ab Unterkante 3 M stricken, die folgenden 2 M abketten, ohne sie zu stricken, 2 U um die Nadel legen. In der Rück-R die U verschränkt stricken. Dieses Knopfloch mit 16/18/19/21 Zwischen-M noch 3x wiederholen. Die R zu Ende stricken. Bei ca. 2 cm Bortenhöhe alle M locker abketten. Ärmel einsetzen. Knöpfe annähen.

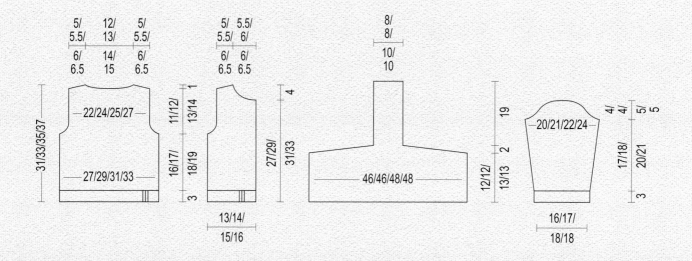

WENN ICH GROẞ BIN, WERDE ICH MAL RENNFAHRER!

MEIN FESTTAGSMANTEL

GRÖSSE:
68–74/80–86/92–98/104

MODELLMASSE:
Oberweite 52/54/58/62 cm

Länge 40/41/44/47 cm

MATERIAL:
- LANG YARNS MERINO 120 (100 % Schurwolle, LL 120 m / 50 g): 250/300/350/350 g Petrol 34.0288
- Stricknadel Nr. 3½ und 4
- 6 Knöpfe

MUSTER I:
Nadel Nr. 4: Rippen = Vorder- und Rückseite re.

MUSTER II:
Nadel Nr. 4: glatt li = Vorderseite li, Rückseite re.

MUSTER III:
Nadel Nr. 4: Herzmotiv über 27 M. Gemäß Strickschrift. Das Schema zeigt die R der Vorderseite: In den Rück-R die M stricken, wie sie erscheinen, dabei die letzte Rück-R (36. R) stricken, wie gezeichnet. 1x die 1.–36. R stricken.

MUSTER IV:
Nadel Nr. 3½: 1 M re, 1 M li.

TIPP:
Die Abnahmen für die Taillierung werden in den Rück-R gestrickt.

MASCHENPROBE:
Muster II, Nadel Nr. 4:
22 M = 10 cm breit.
30 R = 10 cm hoch.

RÜCKENTEIL: Anschlag 121/123/127/131 M. 8 R Im Muster I stricken. Anschließend im Muster II weiterstricken. Bei 6 cm ab Anschlag für die Taillierung wie folgt abnehmen: 1 Rand-M, 8/9/11/13 M re, 5x (2 M zusammen abheben, 1 M re stricken und die abgehobene M über die gestrickte M ziehen, 17 M re), 2 M zusammen abheben, 1 M re und die abgehobene M über die gestrickte M ziehen, 8/9/11/13 M re, 1 Rand-M = 109/111/115/119 M. Diese Abnahmen noch 4x nach je 4/4/4,5/4,5 cm genau übereinander wiederholen, dabei verringern sich die M-Zahlen vor, zwischen und nach den Abnahmen = 61/63/67/71 M. Bei 23/24/26/28 cm ab Anschlag in folgender Mustereinteilung weiterstricken: 1 Rand-M, 16/17/19/21 M Muster II, 27 M Muster III, 16/17/19/21 M Muster II, 1 Rand-M. Nach 36 R in dieser Einteilung im Muster II weiterstricken. Gleichzeitig bei 28/29/31/33 cm ab Anschlag (hängend messen) für die Armausschnitte beidseitig jede 2. R 1x2 M abketten und 4x/4x/4x/5x1 M abnehmen = 49/51/55/57 M. **HALSAUSSCHNITT:** Bei 38/39/42/45 cm ab Anschlag die mittleren 21/21/23/23 M abketten und beidseitig davon jede 2. R noch 1x2 M und 1x1 M abketten. **SCHULTERN:** Bei 11/11/12/13 cm Armausschnitthöhe beidseitig jede 2. R 1x5 M + 1x6 M / 2x6 M / 1x6 M + 1x7 M / 2x7 M abketten.

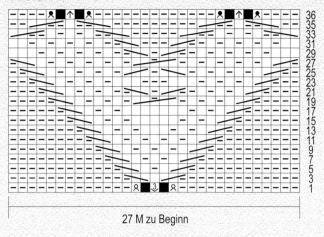

MUSTER III

27 M zu Beginn

- ■ = keine M
- □ = 1 M re
- − = 1 M li
- ⌾ = 1 M re verschränkt aufnehmen
- ⬇ = aus 1 M 3 M herausstricken (1 M re verschränkt, 1 M re, 1 M re verschränkt, Rückseite: die mittlere M re stricken)
- ⌾ = Rückseite: aus dem Querfaden 1 M re verschränkt aufnehmen
- = 3 M nach re kreuzen (1 M auf 1 Hilfsnadel hinter die Arbeit legen, die folgenden 2 M re, dann die M der Hilfsnadel re stricken)
- = 4 M nach re kreuzen (2 M auf 1 Hilfsnadel hinter die Arbeit legen, die folgenden 2 M re, dann die M der Hilfsnadel li stricken)
- = 3 M nach re kreuzen (1 M auf 1 Hilfsnadel hinter die Arbeit legen, die folgenden 2 M re, dann die M der Hilfsnadel li stricken)
- = 5 M nach re kreuzen (3 M auf 1 Hilfsnadel hinter die Arbeit legen, die folgenden 2 M re, die letzte M der Zopfnadel zurück auf die li Nadel heben und li stricken, dann die M der Hilfsnadel re stricken)
- = 3 M nach li kreuzen (2 M auf 1 Hilfsnadel vor die Arbeit legen, die folgenden M re, dann die M der Hilfsnadel re stricken)
- = 4 M nach li kreuzen (2 M auf 1 Hilfsnadel vor die Arbeit legen, die folgenden 2 M li, dann die M der Hilfsnadel re stricken)
- = 3 M nach li kreuzen (2 M auf 1 Hilfsnadel vor die Arbeit legen, die folgenden M li, dann die M der Hilfsnadel re stricken)
- ↑ = 3 M auf die re Nadel heben, auf der re Nadel die 2. M über die letzte M ziehen und diese M wieder auf die li Nadel heben, dort die 2. M über die 1. M ziehen und diese zurück auf die re Nadel heben, dort die 1. M über die 2. M ziehen und diese zurück auf die li Nadel heben, dort die 2. M über die 1. M ziehen, die verbleibende M re stricken

LINKES VORDERTEIL: Anschlag 59/61/63/65 M. 8 R im Muster I stricken. Anschließend im Muster II weiterstricken. Bei 6 cm ab Anschlag für die Taillierung wie folgt abnehmen: 1 Rand-M, 8/9/11/13 M re, 2x (2 M zusammen abheben, 1 M re stricken und die abgehobene M über die gestrickte M ziehen, 17 M re), 2 M zusammen abheben, 1 M re und die abgehobenen M über die gestrickte M ziehen, 6/7/7/7 M re, 1 Rand-M = 53/55/57/59 M. Diese Abnahmen noch 4x nach je 4/4,5/4,5 cm genau übereinander wiederholen, dabei verringern sich die M-Zahlen vor, zwischen und nach den Abnahmen = 29/31/33/35 M. Den Armausschnitt an der re Kante in gleicher Höhe und wie beim Rückenteil arbeiten.
HALSAUSSCHNITT: Bei 35/36/39/41 cm ab Anschlag an der li Kante jede 2. R 1x4/5/6/6 M, 1x3 M, 1x2 M abketten und 3x1 M abnehmen. Die Schulter an der re Kante in gleicher Höhe und wie beim Rückenteil schrägen.

RECHTES VORDERTEIL: Gegengleich zum li Vorderteil stricken.

ÄRMEL: Anschlag 34/34/36/38 M. 8 R im Muster I stricken. Anschließend im Muster II weiterstricken. Für die seitliche Schrägung beidseitig 7x1 M jede 8. R / 8x1 M jede 8. R / 8x1 M jede 8. R / 6x1 M jede 8. R + 2x1 M jede 10. R = 48/50/52/54 M zunehmen. **ARMKUGEL:** Bei 22/24/25/26 cm ab Anschlag beidseitig jede 2. R 1x2 M abketten, 7x/7x/9x/10x1 M abnehmen, dann wieder 2x2 M und 2x3 M abketten. Bei 8/8/9/10 cm Armkugelhöhe die restlichen M locker abketten.

AUSARBEITEN: Nähte schließen. **VERSCHLUSSBORTE:** Mit Nadel Nr. 3½ aus den Vorderteilkanten je ca. 103/105/111/115 M auffassen. Im Muster IV stricken, dabei die 1. R Rück-R mit 1 Rand-M, 1 M li beginnen und gegengleich enden. Bei 1 cm Bortenhöhe in die re Verschlussborte verteilt 6 Knopflöcher wie folgt einstricken: Ab Unterkante 13/13/11/13 M stricken, die folgenden 2 M abketten, ohne sie zu stricken, 2 U um die Nadel legen. Dieses Knopfloch mit 15/15/17/17 Zwischen-M noch 5x wiederholen, die R zu Ende stricken. In der Rück-R die U verschränkt stricken. Bei 2 cm Bortenhöhe alle M locker abketten. **KRAGEN:** Mit Nadel Nr. 3½ ca. 87/87/93/101 M auffassen (Vorderteile inkl. Schmalkanten der Verschlussborte ca. 27/27/29/31 M, Rückenteil 33/33/35/35 M). Im Muster IV stricken, dabei die 1. R Rück-R mit 1 Rand-M, 1 M li beginnen und gegengleich enden. Bei 8 cm Kragenhöhe alle M locker abketten. Ärmel einsetzen. Knöpfe annähen.

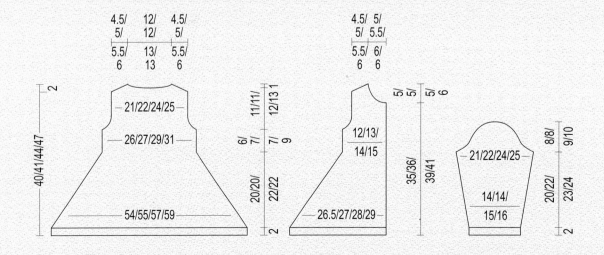

DEN ZIEHE ICH AUCH IM HAUS NICHT AUS

MEIN SCHMETTERLINGSKLEID

GRÖSSE:
68–74/80–86/92–98/104

MODELLMASSE:
Oberweite 52/54/58/62 cm
Länge 40/41/44/47 cm

MATERIAL:
- LANG YARNS MERINO 120 (100 % Schurwolle, LL 120 m / 50 g): 150/200/250/300 g Türkis 34.0272
- Stricknadel Nr. 3½ und 4
- 1 Nadelspiel Nr. 3½

MUSTER I:
Nadel Nr. 3½ + 4: Rippen = Vorder- und Rückseite re. In Rd = abwechselnd 1 Rd li, 1 Rd re stricken.

MUSTER II:
Nadel Nr. 4: glatt li = Vorderseite li, Rückseite re.

MUSTER III:
Nadel Nr. 4: Schmetterlingsmotiv über 23 M. Gemäß Strickschrift. Das Schema zeigt die R der Vorderseite: In den Rück-R die M stricken, wie sie erscheinen oder wie beschrieben. 1x die 1.–41. R stricken.

TIPP:
Die Abnahmen für die Taillierung werden in den Rück-R gestrickt.

MASCHENPROBE:
Muster II, Nadel Nr. 4:
22 M = 10 cm breit.
30 R = 10 cm hoch.

RÜCKENTEIL: Anschlag 121/123/127/131 M. 8 R im Muster I stricken. Anschließend im Muster II weiterstricken. Bei 6 cm ab Anschlag für die Taillierung wie folgt abnehmen: 1 Rand-M, 8/9/11/13 M re, 5x (2 M zusammen abheben, 1 M re stricken und die abgehobenen M über die gestrickte M ziehen, 17 M re), 2 M zusammen abheben, 1 M re und die abgehobenen M über die gestrickte M ziehen, 8/9/11/13 M re, 1 Rand-M = 109/111/115/119 M. Diese Abnahmen noch 4x nach je 4/4/4,5/4,5 cm genau übereinander wiederholen, dabei verringern sich die M-Zahlen vor, zwischen und nach den Abnahmen = 61/63/67/71 M. Bei 28/29/31/33 cm ab Anschlag (hängend messen) für die Armausschnitte beidseitig jede 2. R 2x2 M abketten und 5x/5x/5x/6x1 M abnehmen = 43/45/49/51 M. **HALSAUSSCHNITT:** Bei 38/39/42/45 cm ab Anschlag die mittleren 19/21/25/25 M abketten und beidseitig davon jede 2. R noch 1x2 M und 1x1 M abketten. **SCHULTERN:** Bei 11/11/12/13 cm Armausschnitthöhe beidseitig jede 2. R 1x4 M + 1x5 M / 1x4 + 1x5 M / 1x4 M + 1x5 M / 2x5 M abketten.

VORDERTEIL: Wie das Rückenteil arbeiten. Bei 22/22/25/27 cm ab Anschlag in folgender Mustereinteilung weiterstricken: 1 Rand-M, 18/19/21/23 M Muster II, 23 M Muster III, 18/19/21/23 M Muster II, 1 Rand-M. Nach 41 R in dieser Einteilung im Muster II weiterstricken. Die Armausschnitte in gleicher Höhe und wie beim Rückenteil arbeiten. **HALSAUSSCHNITT:** Bei 35/36/39/41 cm ab Anschlag die mittleren 9/11/15/15 abketten und beidseitig davon jede 2. R noch 1x3 M, 1x2 M abketten und 3x1 M abnehmen. Die Schultern in gleicher Höhe und wie beim Rückenteil schrägen.

AUSARBEITEN: Nähte schließen. **HALSBORTE:** Mit dem Nadelspiel aus dem Halsausschnitt ca. 73/77/83/85 M auffassen (Rückenteil = 29/31/35/35 M, Vorderteil = 44/46/48/50 M). 6 Rd re stricken, anschließend die M locker abketten. Die Borte nach außen rollen lassen. **ARMAUSSCHNITTBORTE:** Mit dem Nadelspiel aus den Armausschnittborten je 56/56/58/60 M auffassen. Im Muster I rundstricken. Nach 4 Rd alle M locker abketten.

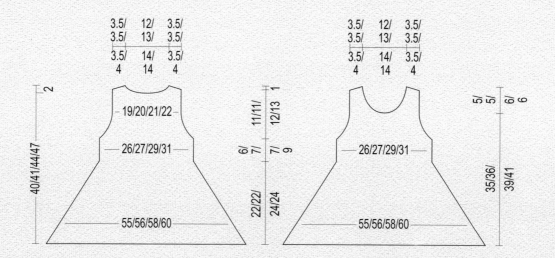

VIELLEICHT FÜHRT MICH DER SCHMETTERLING ZUM OSTERHASEN?

MUSTER III: SCHMETTERLINGSMOTIV

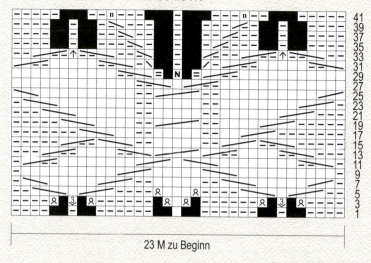

23 M zu Beginn

- ■ = keine M
- □ = 1 M re
- ⊟ = 1 M li
- = 1 M re verschränkt aufnehmen
- = aus 1 M 3 M herausstricken (1 M re verschränkt, 1 M re, 1 M re verschränkt)
- = 4 M nach re kreuzen (2 M auf 1 Hilfsnadel hinter die Arbeit legen, die folgenden 2 M re, dann die M der Hilfsnadel re stricken)
- = 3 M nach re kreuzen (1 M auf 1 Hilfsnadel hinter die Arbeit legen, die folgenden 2 M re, dann die M der Hilfsnadel re stricken)
- = 4 M nach re kreuzen (2 M auf 1 Hilfsnadel hinter die Arbeit legen, die folgenden 2 M re, dann die M der Hilfsnadel li stricken)
- = 2 M nach re kreuzen (die 2. M vor der 1. M durch re stricken, dann die 1. M li stricken)
- = 5 M nach re kreuzen (3 M auf 1 Hilfsnadel hinter die Arbeit legen, die folgenden 2 M re, die letzte M der Hilfsnadel zurück auf die li Nadel heben und re verschränkt stricken, dann die M der Hilfsnadel re stricken)
- = 4 M nach li kreuzen (2 M auf 1 Hilfsnadel vor die Arbeit legen, die folgenden 2 M re, dann die M der Hilfsnadel re stricken)
- = 3 M nach li kreuzen (2 M auf 1 Hilfsnadel vor die Arbeit legen, die folgende M re, dann die M der Hilfsnadel re stricken)
- = 4 M nach li kreuzen (2 M auf 1 Hilfsnadel vor die Arbeit legen, die folgenden 2 M li, dann die M der Hilfsnadel re stricken)
- = 2 M nach li kreuzen (die 2. M hinter der 1. M durch li stricken, dann die 1. M re stricken)
- = Vorderseite: 2 M li zusammenstricken, Rückseite: 1 M li
- N = 1 Noppe: aus 1 M 5 M herausstricken: 1 M re, 1 U, 1 M re, 1 U, 1 M re, wenden, 5 M li, wenden, 5 M re, wenden, 2 M li zusammenstricken, 1 M li, 2 M li zusammenstricken, wenden, 1 doppelt überzogene Abnahme. Diese M in der Rückseite li stricken
- n = 1 Noppe: aus 1 M 3 M herausstricken: 1 M re, 1 U, 1 M re, wenden, 3 M li, wenden, 1 doppelt überzogene Abnahme. Diese M in der Rückseite re verschränkt stricken
- ↑ = Vorderseite: 1 M re
  Rückseite: 3 M auf die rechte Nadel heben, auf der re Nadel die 2. M über die letzte M ziehen und diese M zurück auf die li Nadel heben, dort die 2. M über die 1. M ziehen und diese zurück auf die re Nadel heben, dort die 1. M über die 2. M ziehen und diese zurück auf die li Nadel heben, dort die 2. M über die 1. M ziehen, die verbliebene M re stricken
- ∕ = 2 M re zusammenstricken
- ∖ = 1 überzogene Abnahme (1 M abheben, 1 M re, und die abgehobene M über die gestrickte M ziehen)

WAHRE MÜTZENLIEBE

MÜTZE IM PERLMUSTER

KOPFUMFANG:

ca. 48 cm

MATERIAL:

- LANG YARNS MILLE COLORI BABY (100 % Schurwolle, LL 190 m / 50 g): 50 g Blau-Violett 845.0006 oder Orange 845.0039
- Nadelspiel Nr. 3½ und 4

MUSTER I:

Nadel Nr. 3½: 2 M re, 2 M li.

MUSTER II:

Nadel Nr. 4: Perlmuster: 1. Rd: 1 M re, 1 M li. 2. Rd: 1 M li, 1 M re, d. h. versetzt zur 1. Rd stricken. Die 1. + 2. Rd stets wiederholen.

MASCHENPROBE:

Muster II, Nadel Nr. 4:
24 M = 10 cm breit.
43 R = 10 cm hoch.

TIPP:

Die 1. Rd der Schlussabnahmen mit 1 M re, 1 M li beginnen.

MÜTZE: Anschlag 116 M. Die M zur Rd schließen und den Rundenbeginn markieren. Im Muster I stricken. Bei 5/6 cm ab Anschlag im Muster II weiterstricken. Bei ca. 14 cm ab Anschlag die Schlussabnahmen wie folgt stricken: **1. RD**: 7 M Muster II, 3 M li zusammenstricken, 31 M Muster II, 3 M li zusammenstricken, 21 M Muster II, 3 M li zusammenstricken, 31 M Muster II, 3 M li zusammenstricken, 14 M Muster II = 108 M. **2. UND ALLE NICHT GENANNTEN RD**: Im Muster II ohne Abnahme stricken. **4. RD**: 6 M Muster II, *3 M li zusammenstricken, 5 M Muster II* von * zu * 5x wiederholen, 6 M Muster II, *3 M li zusammenstricken, 5 M Muster II*, von * zu * 5x wiederholen = 84 M. **7. RD**: *2 M li zusammenstricken, 38 M Muster II, 2 M re zusammenstricken *, von * zu * 1x wiederholen = 80 M. **10. RD**: *2 M li zusammenstricken, 5 M Muster II, **3 M li zusammenstricken, 3 M Muster II**, von ** zu ** 3x wiederholen, 3 M li zusammenstricken, 4 M Muster II, 2 M re zusammenstricken *, von * zu * 1x wiederholen = 56 M. **13. RD**: *2 M li zusammenstricken, 24 M Muster II, 2 M re zusammenstricken *, von * zu * 1x wiederholen = 52 M. **16. RD**: *2 M li zusammenstricken, 4 M Muster II, **1 doppelt überzogene Abnahme, 1 M li**, von ** zu ** 2x wiederholen, 1 doppelt überzogene Abnahme, 3 M Muster II, 2 M re zusammenstricken *, von * zu * 1x wiederholen = 32 M. **19. RD**: *2 M li zusammenstricken, 12 M Muster II, 2 M re zusammenstricken *, von * zu * 1x wiederholen = 28 M. **20. RD**: *2 M li zusammenstricken, 10 M Muster II, 2 M re zusammenstricken *, von * zu * 1x wiederholen = 24 M. **21. RD**: *3 M Muster II, 2 M li zusammenstricken, 2 M re zusammenstricken, 2 M li zusammenstricken, 2 M re zusammenstricken, 1 M li*, von * zu * 1x wiederholen = 16 M. **22. RD**: *2 M re zusammenstricken, 4 M Muster II, 2 M li zusammenstricken *, von * zu * 1x wiederholen = 12 M. **23. RD**: *2 M re zusammenstricken, 2 M Muster II, 2 M li zusammenstricken *, von * zu * 1x wiederholen = 8 M. Die restlichen M mit dem Fadenende zusammenziehen.

MÜTZE UND PULSWÄRMER

AUSFÜHRUNG MÜTZE: Anschlag 104 M. Im Muster rundstricken. Bei 21 cm ab Anschlag die Schlussabnahme wie folgt stricken: 1.RD: *2 M stricken, 2 M re zusammenstricken *, von * zu * stets wiederholen = 78 M. 2.RD: *1 M stricken, 2 M re zusammenstricken *, von* zu * stets wiederholen = 52 M. 3.RD: jeweils 2 M re zusammenstricken = 26 M. 4.RD: jeweils 2 M re zusammenstricken = 13 M. Die M zusammenziehen.

AUSFÜHRUNG PULSWÄRMER: Anschlag 35 M. Im Muster rundstricken. Bei 11 cm ab Anschlag alle M abketten.

MATERIAL MÜTZE:
- LANG YARNS MILLE COLORI BABY (100 % Schurwolle, LL 190 m / 50 g): 50 g Orange 845.0039 oder Blau-Violett 845.0006

MATERIAL PULSWÄRMER:
- LANG YARNS MILLE COLORI BABY (100 % Schurwolle, LL 190 m / 50 g): 50 g Blau-Violett 845.0006
- Nadelspiel Nr. 3½

MUSTER:
Nadel Nr. 3½: glatt re in Rd = alle M re.

MASCHENPROBE:
Muster, Nadel Nr. 3½:
25 M = 10 cm breit.
35 R = 10 cm hoch.

ER HAT MIR SEINEN PULSWÄRMER GESCHENKT

LUKAS' LOKOMOTIV-PULLI

GRÖSSE:
62–68/74–80/86–92/98/104

MODELLMASSE:
Oberweite 52/56/60/64/66 cm
Länge 28/31/33/37/40 cm

MATERIAL:
- LANG YARNS MERINO 150 (100 % Schurwolle, LL 150 m / 50 g): 100/150/200/200/250 g Grau 197.0324
- Stricknadel Nr. 3 und 3½
- 6 Knöpfe (nur für Größe 62–68 und 74–80)
- 1 Nadelspiel Nr. 3

MUSTER I:
Nadel Nr. 3: 1 Rand-M, *1 M li, 2 M re, 1 M li*, von * zu * stets wiederholen, enden mit 1 Rand-M. In den folgenden R die M stricken, wie sie erscheinen.

MUSTER II:
Nadel Nr. 3½: glatt re = Vorderseite re, Rückseite li.

MUSTER III:
Nadel Nr. 3½: Lokomotive über 30 M: gemäß Strickschrift. Das Schema zeigt die R der Vorder- und Rückseite. 1x die 1.–37. R stricken.

TIPP:
Die Knopfpartie auf der Schulter wird nur für die Größen 62–68 und 74–80 gestrickt.

MASCHENPROBE:
Muster II, Nadel Nr. 3½:
26 M = 10 cm breit.
34 R = 10 cm hoch.

SPÄTER WILL ICH MAL LOKFÜHRER WERDEN!

RÜCKENTEIL: Anschlag 70/74/82/86/90 M. Im Muster I stricken. Bei 3 cm ab Anschlag im Muster II weiterstricken.
ARMAUSSCHNITTE: Bei 16/18/20/23/26 cm ab Anschlag (hängend messen) beidseitig die Höhe bezeichnen. **HALSAUSSCHNITT** (Größe 62–68 und 74–80): Bei 10/11 cm ab Bezeichnung die mittleren 26/30 M abketten und ab der folgenden Rück-R die je 22 Schulter-M im Muster I stricken. Nach 7 R alle M locker abketten. **HALSAUSSCHNITT** (Größe 86–92/98 und 104): Bei 11/12/12 cm ab Bezeichnung für die **SCHULTERN** beidseitig jede 2. R 3x8 M / 2x8 M + 1x 9 M / 2x8 M + 1x9 M abketten. Gleichzeitig mit Schulterbeginn die mittleren 30/32/36 M abketten und beidseitig davon jede 2. R noch 2x1 M abnehmen.

VORDERTEIL: Wie das Rückenteil stricken. Bei 10/12/16/17/20 cm ab Anschlag in folgender Mustereinteilung weiterstricken: 1 Rand-M, 19/21/25/27/29 M Muster II, 30 M Muster III, 19/21/25/27/29 M Muster II, 1 Rand-M. Nach 37 R in dieser Einteilung im Muster II weiterstricken. Gleichzeitig bei 16/18/20/23/26 cm ab Anschlag beidseitig die Höhe bezeichnen.
HALSAUSSCHNITT: Bei 24/27/28/32/34 cm ab Anschlag die mittleren 10/14/18/20/24 M abketten und beidseitig davon jede 2. R noch 1x4 M, 1x2 M abketten und 2x1 M abnehmen. Für Größe 62–68/74–80 die Schulter-M im Muster I in gleicher Höhe wie am Rückenteil stricken, dabei nach 3 R verteilt 2 **KNOPFLÖCHER** wie folgt einstricken: 3 M stricken, die folgenden 2 M abketten, ohne sie zu stricken, 2 U um die Nadel legen. Dieses Knopfloch mit 8 Zwischen-M noch 1x wiederholen. In der Rück-R die U verschränkt stricken. Nach 7 R alle M locker abketten. Für Größe 86–92, 98 und 104 die Schultern in gleicher Höhe und wie am Rückenteil schrägen.

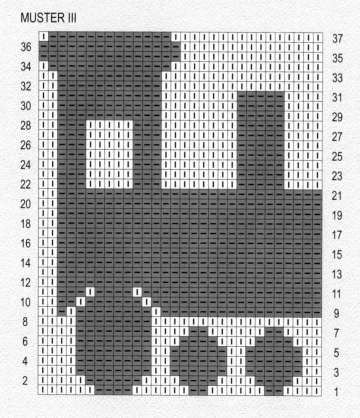

MUSTER III

☐ = 1 M Vorderseite re, Rückseite li
■ = 1 M Vorderseite li, Rückseite re

ÄRMEL: Anschlag 38/42/42/46/46 M. Im Muster I stricken. Bei 3 cm ab Anschlag im Muster II weiterstricken. Für die seitliche Schrägung beidseitig 13x1 M jede 4. R / 14x1 M jede 4. R / 14x1 M jede 4. R / 14x1 M abwechselnd jede 4. + 6. R / 14x1 M abwechselnd jede 4. + 6. R aufnehmen = 64/70/70/74/74 M. Bei 19/21/23/25/27 cm ab Anschlag alle M locker abketten.

AUSARBEITEN: Nähte schließen, dabei die Seitennähte nur bis zu den Bezeichnungen schließen. Die Schulternähte nur für die Größen 86–92, 98 und 104 schließen. HALSBORTE (Größe 62–68 und 74–80): Mit Nadel Nr. 3 aus dem Rückenteil inklusive Schmalkanten der Borte 42/46 M auffassen und im Muster I stricken, dabei die 1. R als Rück-R mit 1 Rand-M, 1 M li, 2 M re beginnen und gegengleich enden. Bei 2 cm Bortenhöhe alle M abketten. Aus dem Vorderteil inklusive Schmalkanten der Borte 50/54 M auffassen und im Muster I stricken. Bei 1 cm Bortenhöhe beidseitig je 1 Knopfloch wie folgt einstricken: 3 M stricken, die folgenden 2 M abketten, ohne sie zu stricken, 2 U um die Nadel legen, 40/44 M stricken, die folgenden 2 M abketten, ohne sie zu stricken, 2 U um die Nadel legen, die R zu Ende stricken. In der Rück-R die U verschränkt stricken. Bei 2 cm Bortenhöhe die M abketten. HALSBORTE (Größe 86–92/98/104): Mit dem Nadelspiel 108/116/124 M auffassen (Rückenteil = 50/54/58 M, Vorderteil = 58/62/66 M). Im Muster I rundstricken. Bei 2 cm Bortenhöhe alle M abketten. Ärmel einsetzen. Knöpfe annähen.

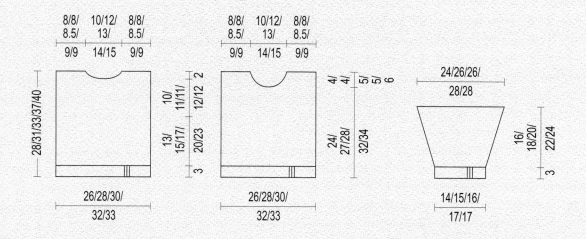

TUFF TUFF TUFF, DIE EISENBAHN, WER WILL MIT ZUR OMA FAHREN?

ZWERGEN-JÄCKCHEN

GRÖSSE:
62/68/74

MODELLMASSE:
Oberweite 54/58/62 cm
Länge 29/31/33 cm

MATERIAL:
- LANG YARNS MERINO 200 BÉBÉ
  (100 % Schurwolle, LL 203 m / 50 g):
  300/300/350 g Hellblau 71.0372
- LANG YARNS DOUDOU
  (100 % Polyamid, LL 155 m / 50 g):
  50 g Hellblau 884.0020
- Stricknadel Nr. 3 ½ und 4 ½
- 2 Pappkreise mit ca. 3 cm
  Durchmesser für den Pompon
- 4 Knöpfe

MASCHENPROBE:
Muster II, Nadel Nr. 4½:
19 M = 10 cm breit.
34 R = 10 cm hoch.

MUSTER I:
Nadel Nr. 4½: Perlmuster: Vorderseite: 1 M re, 1 M li. Rückseite: 1 M li, 1 M re, d. h. versetzt zur Vorderseite stricken.

MUSTER II:
Nadel Nr. 4½: 1 M re, 1 M li.

TIPP:
Merino 200 wird doppelt verstrickt.

RÜCKENTEIL
(MERINO 200 doppelt): Anschlag 54/58/62 M. Im Muster I stricken. **ARMAUSSCHNITTE**: Bei 16/17/18 cm ab Anschlag beidseitig jede 2. R 1x2 M abketten und 2x1 M abnehmen = 46/50/54 M. **SCHULTERN**: Bei 28/30/32 cm ab Anschlag beidseitig jede 2. R 1x6 M + 1x7 M / 2x7 M / 1x7 M + 1x8 M abketten. **HALSAUSSCHNITT**: Gleichzeitig mit Schulterbeginn die mittleren 10/12/14 M abketten und beidseitig davon nach 2 R noch 1x5 M abketten.

LINKES VORDERTEIL
(MERINO 200 doppelt): Anschlag 31/33/35 M. Im Muster I stricken. Den Armausschnitt an der re Kante in gleicher Höhe und wie beim Rückenteil arbeiten = 27/29/31 M. **HALSAUSSCHNITT**: Bei 25/27/29 cm ab Anschlag an der li Kante jede 2. R 1x 6/7/8 M, 1x3 M, 1x2 M und 3x1 M abketten. Die Schulter an der re Kante in gleicher Höhe und wie am Rückenteil schrägen.

RECHTES VORDERTEIL:
Gegengleich zum li Vorderteil arbeiten, dabei mit 1 M li beginnen. An der re Kante bei 6/8/10 cm ab Anschlag 1 Knopfloch wie folgt einstricken: 4 M stricken, die folgenden 2 M abketten, ohne sie zu stricken, 2 U um die Nadel legen. Die R zu Ende stricken. In der Rück-R die U verschränkt stricken. Dieses Knopfloch noch 3x alle 6 cm wiederholen.

ÄRMEL:
Anschlag 24/26/28 M mit DOUDOU und Nadel Nr. 3½. 3 cm im Muster II stricken. Mit MERINO 200 im Muster I weiterstricken, dabei in der 1. R verteilt 6 M aufnehmen = 30/32/34 M. Für die seitliche Schrägung beidseitig 3x/3x/4x 1 M jede 6. R und 7x1 M jede 4. R aufnehmen = 50/52/56 M. **ARMKUGEL**: Bei 18/20/22 cm ab Anschlag beidseitig jede 2. R 1x4 M und 3x5 M abketten. Bei 2 cm Armkugelhöhe die restlichen M locker abketten.

KAPUZE:
Anschlag 75/79/83 M mit DOUDOU an der Vorderkante. 3 cm im Muster II stricken, dabei in der letzten R beidseitig 5 M abketten = 65/69/73 M. Mit MERINO 200 im Muster I weiterstricken, dabei in der 1. R verteilt 11 M aufnehmen = 76/80/84 M. Bei 17/18/19 cm ab Anschlag für die hintere Rundung beidseitig jede 2. R 3x9 M abketten, dann die restlichen 22/26/30 M abketten und dabei die Mitte bezeichnen.

ES GEHT EINE ZIPFELMÜTZ' IN UNSERM KREIS HERUM, FIDEBUM!

AUSARBEITEN: Die Kapuze bei der Bezeichnung zusammenlegen und die Naht der hinteren Rundung schließen. Jackennähte schließen. Die in der Schnittskizze mit * bezeichneten Punkte der Kapuze an den Halsausschnitt heften und anschließend annähen. Ärmel einsetzen. Knöpfe annähen.

Einen Pompon mit DOUDOU anfertigen. Dafür in die Mitte der Pappkreise jeweils ein Loch von ca. 1,5 cm Durchmesser schneiden. Übereinander legen und mit einer Nadel Wollfäden gleichmäßig um die Pappringe wickeln, bis das Loch in der Mitte fast vollständig ausgefüllt ist. Die Wollfäden zwischen den Pappringen aufschneiden. Einen Faden mehrmals zwischen die Pappringe wickeln und zusammenknoten. Daran den Pompon auf die Kapuzenspitze nähen. Zuvor die Pappscheiben von den Fäden ziehen und den Pompon in Form bringen.

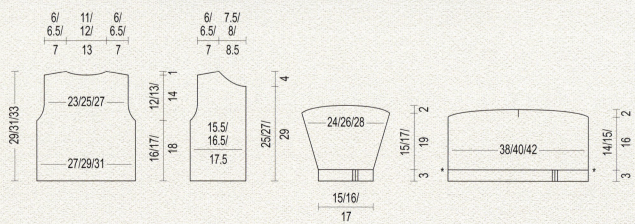

HÄLT KLEINE ZWERGE WARM

REGENBOGEN-JÄCKCHEN

GRÖSSE:
62/68–74/80–86/92–98

MODELLMASSE:
Oberweite 50/54/56/60 cm
Länge 29/31/33/34 cm

MATERIAL:

- LANG YARNS MILLE COLORI BABY
  (100 % Schurwolle, LL 190 m / 50 g):
  150/200/200/250 g
  Rainbow 845.0056
- Stricknadel Nr. 3 und 3½
- 1 kurze Rundstricknadel Nr. 3
- 1 Häkelnadel Nr. 2½
- 2 Knöpfe und 1 Druckknopf

MUSTER I:

Nadel Nr. 3: 1 M re, 1 M li.

MUSTER II:

Nadel Nr. 3½: glatt re = Vorderseite re, Rückseite li.

TIPP:

Betonte Abnahmen: Re Kante:
1 Rand-M, 2 M re zusammenstricken.
Li Kante: 1 überzogene Abnahme,
1 Rand-M.

MASCHENPROBE:

Muster II, Nadel Nr. 3½:
26 M = 10 cm breit.
35 R = 10 cm hoch.

RÜCKENTEIL: Anschlag 91/95/101/105 M. Im Muster I stricken, dabei mit 1 Rand-M, 1 M re beginnen. Bei 2 cm ab Anschlag im Muster II weiterstricken, dabei in der 1. R verteilt 23/23/25/25 M abnehmen = 68/72/76/80 M.
ARMAUSSCHNITT: Bei 19/20/21/21 cm ab Anschlag beidseitig 1x2 M abketten. Anschließend für den Raglan beidseitig jede 2. R 17x/18x/19x/20x1 M betont abnehmen (s. Tipp). Bei 10/11/12/13 cm Raglanhöhe die restlichen 30/32/34/36 M abketten.

LINKES VORDERTEIL: Anschlag 81/85/93/97 M. Im Muster I stricken, dabei mit 1 Rand-M, 1 M li beginnen. Bei 2 cm ab Anschlag im Muster II weiterstricken, dabei in der 1. R verteilt 21/21/23/23 M abnehmen = 60/64/70/74 M. Für den Halsausschnitt die 30.–39. M / 31.–42. M / 32.–47. M / 33.–50. M markieren. Bei 16/17/18/18 cm ab Anschlag für die Ausschnittschrägung an der li Kante abwechselnd jede 2. und 4. R 14x/15x/16x/17x1 M betont abnehmen. Den Armausschnitt und den Raglan an der re Kante in gleicher Höhe und wie beim Rückenteil arbeiten. Bei 26/28/30/31cm ab Anschlag für den Halsausschnitt die markierten 10/12/16/18 M abketten. Für die li Rundung jede 2. R 1x3 M, 1x1 M und 1x3 M abketten. Für die re Rundung jede 2. R 1x3 M, 1x2 M, 2x1 M und 1x3 M abketten.

RECHTES VORDERTEIL: Gegengleich zum li Vorderteil stricken.

ÄRMEL: Anschlag 46/50/54/58 M. Im Muster I stricken. Bei 2 cm ab Anschlag im Muster II weiterstricken, dabei in der 1. R verteilt 11/12/12/12 M abnehmen = 35/38/42/46 M. Für die seitliche Schrägung beidseitig jede 10./10./12./12. R 6x1 M aufnehmen = 47/50/54/58 M. Bei 20/20/24/26 cm ab Anschlag beidseitig 1x2 M abketten. Anschließend den Raglan wie am Rückenteil arbeiten. Bei 10/11/12/13 cm Raglanhöhe die restlichen M locker abketten.

BINDEBÄNDER (2x arbeiten): Eine Luft-M-Kette von ca. 14 cm häkeln, 1 feste M in die 2. Luft-M ab Häkelnadel und in jede weitere Luft-M.

AUSARBEITEN: Nähte schließen, dabei die Raglannähte mit kurzen Stichen nähen. VERSCHLUSSBORTE: Aus den Vorderteilkanten je ca. 99/103/106/108 M auffassen (= Unterkante bis Schrägung 51/53/54/54 M, Schrägung 48/50/52/54 M). Im Muster I stricken, dabei die 1. R als Rück-R mit 1 Rand-M, 1 M li beginnen. Bei 1 cm Bortenhöhe am re Vorderteil 1 Knopfloch wie folgt einstricken: Ab Unterkante 75/75/77/79 M stricken, die folgenden 2 M abketten, ohne sie zu stricken, 2 U um die Nadel legen, die R zu Ende stricken. In der Rück-R die U verschränkt stricken. Bei 2 cm Bortenhöhe die M italienisch abketten. HALSBORTE: Mit der Rundstricknadel ca. 119/127/135/143 M auffassen (= Vorderteile je 36/38/40/42 M, Ärmel je 9/10/11/12 M, Rückenteil 29/31/33/35 M). Im Muster I stricken, dabei die 1. R als Rück-R mit 1 Rand-M, 1 M li, 1 M re beginnen und gegengleich enden. An der re Kante des re Vorderteils nach 1 cm noch 1 Knopfloch wie folgt einstricken: 3 M stricken, die folgenden 2 M ohne Arbeitsfaden abketten und sofort wieder 2 M neu anschlagen, die R zu Ende stricken. Bei 2 cm Bortenhöhe die M italienisch abketten. Zur Fixierung des li Vorderteils den Druckknopf auf die Halsborte nähen. Die Bindebänder bei ca. 15/16/17/17 cm ab Unterkante in die li Seitennaht und an die Verschlussborte des re Vorderteils nähen. Knöpfe annähen.

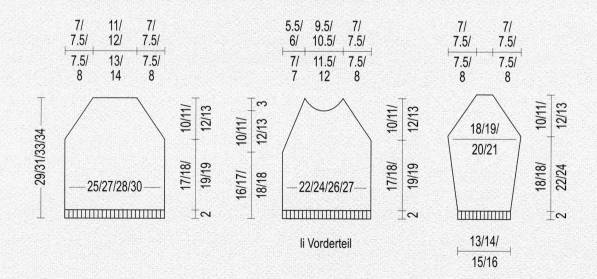

li Vorderteil

FÜR KLEINE FORSCHER UND ENTDECKER

BUNTES STRICKJÄCKCHEN

MATERIAL:
- LANG YARNS MILLE COLORI BABY (100 % Schurwolle, LL 190 m / 50 g): 150/150/200/200/250 g Rainbow 845.0056
- Stricknadel Nr. 3 und 3½
- 1 kurze Rundstricknadel Nr. 3 und 3½
- 1 Knopf

MASCHENPROBE:
Muster II, Nadel Nr. 3½: 26 M = 10 cm breit. 54 R = 10 cm hoch.

GRÖSSE:
62/68–74/80–86/92–98/104

MODELLMASSE:
Oberweite 48/52/54/56/60 cm
Länge 27/29/31/33/37 cm

TIPP:
Betonte Abnahme: Re Kante = 1 Rand-M, 1 M re, 2 M re zusammenstricken. Li Kante = 1 überzogene Abnahme, 1 M re, 1 Rand-M.

MUSTER I:
Nadel Nr. 3 und 3½: 1 M re, 1 M li.

MUSTER II:
Nadel Nr. 3½: Halbpatent 1. R Vorderseite: 1 Rand-M, *1 M li, 1 Patent-M, (1 M re, dabei 1 R tiefer einstechen)*, von * zu * stets wiederholen, enden mit 1 M li, 1 Rand-M. 2. R Rück-R: 1 Rand-M, *1 M re, 1 M li*, von * zu * stets wiederholen, enden mit 1 M re, 1 Rand-M. Die 1. und 2. R stets wiederholen.

RÜCKENTEIL: Anschlag mit Nadel Nr. 3½ 87/93/97/99/103 M. Im Muster I stricken. Bei 2 cm ab Anschlag im Muster II weiterstricken. Für die seitliche Schrägung beidseitig jede 6. R 12x1 M / jede 6. R 12x1 M / abwechselnd jede 6. + 8. R 12x1 M / abwechselnd jede 6. + 8. R 12x1 M / jede 8. R 12x1 M betont abnehmen (s. Tipp) = 63/69/73/75/79 M. **ARMAUSSCHNITTE:** Bei 17/18/19/20/23 cm ab Anschlag (hängend messen) beidseitig 1x1 M abketten. Anschließend für den Raglan beidseitig jede 4. R 4x1 M betont abnehmen. Die restlichen 53/59/63/65/69 M liegen lassen.

LINKES VORDERTEIL: Anschlag mit Nadel Nr. 3½ 43/45/47/47/49 M. Im Muster I stricken. Bei 2 cm ab Anschlag im Muster II weiterstricken. Für die seitliche Schrägung an der re Kante jede 6. R 12x1 M / jede 6. R 12x1 M / abwechselnd jede 6. + 8. R 12x1 M / abwechselnd jede 6. + 8. R 12x1 M / jede 8. R 12x1 M betont abnehmen = 31/33/35/35/37 M.
ARMAUSSCHNITTE: Bei 17/18/19/20/23 cm ab Anschlag an der re Kante 1x1 M abketten. Anschließend für den Raglan jede 4. R 4x1 M betont abnehmen. Die restlichen 26/28/30/30/32 M liegen lassen.

RECHTES VORDERTEIL: Gegengleich zum li Vorderteil stricken.

ÄRMEL: Anschlag mit Nadel Nr. 3½ 38/42/42/44/46 M. Im Muster I stricken. Bei 2 cm ab Anschlag im Muster II weiterstricken. Für die seitliche Schrägung beidseitig jede 16. R 5x1 M / jede 14. R 6x1 M / jede 10. R 8x1 M / jede 10. R 10x1 M / jede 10. R 12x1 M aufnehmen = 48/54/58/64/70 M. Bei 20/20/22/24/28 cm ab Anschlag beidseitig 1x1 M abketten und anschließend für den Raglan jede 6. R 4x1 M betont abnehmen. Die restlichen 38/44/48/54/60 M liegen lassen.

RUNDPASSE: Die liegen gelassenen M aller Teile (= re Vorderteil 26/28/30/30/32 M, Ärmel 38/44/48/54/60 M, Rückenteil 53/59/63/66/70, dabei für Größe 92–98 + 104 je 1 M aufnehmen, Ärmel 38/44/48/54/60, li Vorderteil 26/28/30/30/32 M) = 181/203/219/234/254 M auf eine Rundstricknadel nehmen und 2 R glatt re (= Vorderseite re, Rückseite li) stricken, dabei in der 1. R (Vorderseite) stets die Rand-M mit der daneben liegenden M re zusammenstricken = 173/195/211/226/246 M. Anschließend 1 R wie folgt stricken: 1 Rand-M, 1 M re, 1 M li / 1 M li, 1 M re, 1 M li / 1 M li / 1 M li / 1 M li, *2 M re zusammenstricken, 1 M li, 1 M re, 1 M li*, von * zu * stets wiederholen, enden mit 2 M re zusammenstricken, 1 M re, 1 M li / 1 M li, 1 M re, 1 M li / 1 M li / 1 M li / 1 M li, 1 Rand-M = 139/157/169/181/197 M. Nun im Muster II weiterstricken. Bei 4,5/5,5/6,5/7,5/8,5 cm Passenhöhe 1 R wie folgt stricken: 1 Rand-M, 1 M re, 1 M li / 1 M li, 1 M re, 1 M li / 1 M li / 1 M li / 1 M li, *1 Patent-M, 1 M li, 2 M li zusammenstricken *, von * zu * stets wiederholen, enden mit 1 Patent-M, 1 M li, 1 M re / 1 M li, 1 M re, 1 M li / 1 M li / 1 M li / 1 M li, 1 Rand-M = 106/120/128/137/149 M. In dieser Einteilung weiterstricken. Bei 6/7/8/9/10 cm Passenhöhe 1 R wie folgt stricken: 1 Rand-M, 1 M re, 1 M li / 1 M li, 1 M re, 1 M li / 1 M li / 1 M li / 1 M li, *1 Patent-M, 2 M li zusammenstricken *, von * zu * stets wiederholen, enden mit 1 Patent-M, 1 M li, 1 M re / 1 M li, 1 M re, 1 M li / 1 M li / 1 M li / 1 M li, 1 Rand-M = 73/83/87/93/101 M. Bei 7/8/9/10/11 cm Passenhöhe im Muster I und Nadel Nr. 3 weiterstricken. Nach 4 R italienisch abketten.

AUSARBEITEN: Nähte schließen, dabei die Raglannähte mit kurzen Stichen nähen. **VERSCHLUSSBORTE:** Aus den Vorderteilkanten mit Nadel Nr. 3 je ca. 111/119/127/135/151 M auffassen. Im Muster I stricken, dabei die 1. R als Rück-R mit 1 Rand-M, 1 M li beginnen und gegengleich enden. Bei ca. 1 cm Bortenhöhe in die re Verschlussborte 1 Knopfloch wie folgt einstricken: Ab Unterkante 103/111/119/127/143 M stricken, die folgenden 3 M abketten, ohne sie zu stricken, 3 U auf die Nadel legen, die R zu Ende stricken. In der Rück-R die U verschränkt stricken. Bei 2 cm Bortenhöhe italienisch abketten. Knopf annähen.

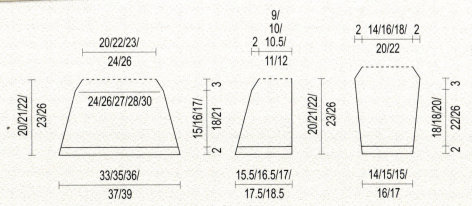

STRAMPELANZUG

MATERIAL:
- LANG YARNS MILLE COLORI BABY (100 % Schurwolle, LL 190 m / 50 g): 150/150/200 g Rainbow 845.0056
- Stricknadel Nr. 3 und 3½
- 1 Nadelspiel Nr. 3
- 5 Knöpfe

MUSTER I:
Nadel Nr. 3: 1 M re, 1 M li.

GRÖSSE:
62/68/74

MODELLMASSE:
Oberweite 50/54/58 cm
Länge 54/57/61 cm

MUSTER II:
Nadel Nr. 3½: glatt re = Vorderseite re, Rückseite li.

MASCHENPROBE:
Muster II, Nadel Nr. 3½:
26 M = 10 cm breit.
35 R = 10 cm hoch.

RÜCKENTEIL: LINKES BEIN: Anschlag 26/28/30 M. Im Muster I stricken. Bei 2 cm ab Anschlag im Muster II weiterstricken. Für die Beinschrägung an der re Kante abwechselnd jede 2. und 4. R 13x/13x/14x1 M und jede 2. R noch 4x1 M aufnehmen = 43/45/48 M. Bei 15/16/17 cm ab Anschlag für die Schrittabnahmen an der re Kante jede 2. R 1x3 M, 1x2 M abketten und 4x1 M abnehmen = 34/36/39 M. Bei 18/19/20 cm ab Anschlag die M liegen lassen und das re Bein gegengleich arbeiten. **KÖRPER:** Die M beider Beine auf eine Nadel nehmen und im Muster II weiterstricken, dabei in der 1. R die beiden Rand-M im Schritt re zusammenstricken = 67/71/77 M. **ARMAUSSCHNITTE:** Bei 43/45/47 cm ab Anschlag beidseitig jede 2. R 2x2 M abketten und 5x/6x/6x1 M abnehmen = 49/51/57 M. **HALSAUSSCHNITT:** Bei 52/55/59 cm ab Anschlag die mittleren 23/25/27 M abketten und beidseitig davon jede 2. R noch 1x2 M und 1x1 M abketten. **SCHULTERN:** Bei 10/11/13 cm Armausschnitthöhe beidseitig 2x3 M + 1x4 M / 2x3 M + 1x4 M / 3x4 M abketten.

VORDERTEIL: Wie das Rückenteil stricken. POLOSCHLITZ: Bei 23/24/25 cm ab Anschlag die mittleren 3 M abketten und beide Teile separat beenden = je 32/34/37 M. HALSAUSSCHNITT: Bei 25/27/30 cm Schlitzhöhe jede 2. R 1x5/6/7 M, 1x3 M, 1x2 M abketten und 3x1 M abnehmen. Armausschnitt und Schulter in gleicher Höhe und wie beim Rückenteil arbeiten.

AUSARBEITEN: Nähte schließen. POLOBORTEN: Aus den Vorderteilkanten je ca. 89/91/93 M auffassen und im Muster I stricken, dabei die 1. R als Rück-R mit 1 Rand-M, 1 M li beginnen und gegengleich enden. Bei ca. 1 cm Bortenhöhe in die re Verschlussborte verteilt 5 Knopflöcher wie folgt einstricken: Ab Unterkante 11/11/13 M stricken, die folgenden 2 M ohne Arbeitsfaden abketten und sofort wieder 2 M neu anschlagen, dieses Knopfloch mit 1//18/19 Zwischen-M noch 3x wiederholen, die R zu Ende stricken. Bei ca. 2 cm Bortenhöhe alle M italienisch abketten. Die untere Schmalseite der Knopflochborte an die abgeketteten M des Vorderteils nähen, die Schmalseite der Knopfborte dahinter annähen. HALSBORTE: Aus dem Halsausschnitt ca. 95/99/103 M auffassen (Rücken = 37/39/41 M, Vorderteil je = 29/30/31 M). Im Muster I stricken, dabei die 1. R als Rück-R mit 1 Rand-M, 1 M li, beginnen und gegengleich enden. Bei 1 cm Bortenhöhe an der re Kante 1 Knopfloch wie folgt einstricken: 3 M stricken, 2 M ohne Arbeitsfaden abketten und sofort 2 M neu anschlagen, die R zu Ende stricken. Bei 2 cm Bortenhöhe italienisch abketten. ARMAUSSCHNITTBORTEN: Aus den Armausschnittkanten je 74/76/80 M auffassen. Im Muster I rundstricken. Bei 2 cm Bortenhöhe italienisch abketten. Knöpfe annähen.

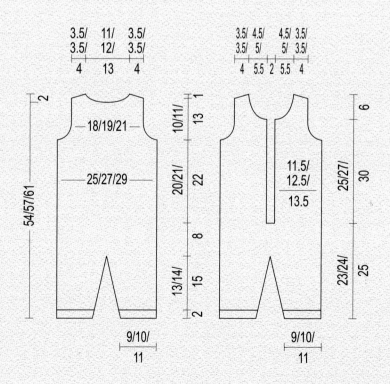

So viele schöne Farben, wie in einem Regenbogen!

HERZIGES JÄCKCHEN

GRÖSSE:
62/68/74

MODELLMASSE:
Oberweite 52/56/60 cm
Länge 26/28/30 cm

MATERIAL:
- LANG YARNS MERINO 200 BÉBÉ
  (100 % Schurwolle, LL 203 m / 50 g):
  100/100/150 g Rosa 71.0409
- LANG YARNS DOUDOU
  (100 % Polyamid, LL 155 m / 50 g):
  50 g Rosa 884.0009
- Stricknadel Nr. 3 und 3½
- 4 Knöpfe

MASCHENPROBE:
Muster II, Nadel Nr. 3½
26 M = 10 cm breit.
34 R = 10 cm hoch.

MUSTER I:
Nadel Nr. 3: Perlmuster: Vorderseite:
1 M re, 1 M li. Rückseite: 1 M li, 1 M re,
d. h. versetzt zur Vorderseite stricken.

MUSTER II:
Nadel Nr. 3½: glatt re = Vorderseite
re, Rückseite li.

HERZCHEN:
Im Muster II gemäß Schema mit
DOUDOU in MERINO 200 ein-
stricken. Spannfäden des Grund-
garns locker auf der Rückseite
der Arbeit mitführen. Bei jedem
Farbwechsel die Fäden auf der
Rückseite verkreuzen.

TIPP:
Betonte Abnahme: li Kante = 1 überzogene Abnahme, 6 M Muster I.
Re Kante = 6 M Muster I, 2 M re
zusammenstricken.

RÜCKENTEIL: Anschlag 71/75/81 M mit MERINO 200. 8 R im Muster I stricken. Im Muster II weiterstricken, dabei die Herzchen mit DOUDOU wie folgt einteilen: Bei 12/14/16 R ab Borte 1 Herz über 9 Mittel-M, beidseitig davon 1 weiteres Herz mit je 13/14/15 Zwischen-M. Die 13./15./17. R ab Borte beginnt also mit 1 Rand-M, 13/14/15 M MERINO 200, 1 M DOUDOU, *20/21/23 M MERINO 200, 1 M DOUDOU*, von * zu * 1x wiederholen, enden mit 13/14/15 M MERINO 200, 1 Rand-M. Nach den 8 R mit Herzchen wieder 16/18/20 R mit MERINO 200 Muster II stricken, dann die 2. Herzchen-R arbeiten: Beidseitig von 13/13/15 Mittel-M je 1 Herzchen mit DOUDOU stricken. Anschließend wieder 16/18/20 R in MERINO 200 Muster II, dann die 1. Herzchen-R wiederholen. Das Rückenteil in MERINO 200 in Muster II beenden. **ARMAUSSCHNITTE:** Bei 14/15/16 cm ab Anschlag beidseitig jede 2. R 1x2 M abketten und 4x1 M abnehmen = 59/63/69 M. **SCHULTERN:** Bei 25/27/29 cm ab Anschlag beidseitig jede 2. R 2x8 M / 1x8 M + 1x9 M / 1x9 M + 1x10 M abketten. **HALSAUSSCHNITT:** Gleichzeitig mit Schulterbeginn die mittleren 15/17/19 M abketten und beidseitig davon nach 2 R noch 1x6 M abketten.

LINKES VORDERTEIL: Anschlag 43/45/49 M mit MERINO 200. 8 R im Muster I stricken, dabei nach der Rand-M mit 1 M li beginnen. Im Muster II weiterstricken, dabei an der li Kante 6 M für die Verschlussborte weiterhin im Muster I stricken und die Herzchen aus DOUDOU von der Seitennaht her wie am Rücken einteilen, dabei das Herzchen in der Teilmitte weglassen. Den Armausschnitt an der re Kante wie am Rückenteil arbeiten. **HALSAUSSCHNITT:** Gleichzeitig bei 16/17/18 cm ab Anschlag an der li Kante 1 M betont abnehmen (s. Tipp). Diese Abnahme 15x/16x/18x jede 2. R wiederholen. Die Schulter in gleicher Höhe und wie beim Rückenteil arbeiten. Zu den restlichen 6 M 1 Rand-M neu anschlagen. Mit den 7 M im Muster I noch 5/5,5/6 cm gerade weiterstricken, die M liegen lassen.

RECHTES VORDERTEIL: Gegengleich zum li Vorderteil arbeiten, dabei die Herzchen ebenfalls von der Seitennaht her einteilen und 4 Knopflöcher wie folgt einstricken: In der 5. R ab Anschlag auf der Vorderseite die 3.+ 4. M verschränkt zusammenstricken, 1 U, die R beenden. Dieses Knopfloch mit 14/15/16 Zwischen-R noch 3x wiederholen.

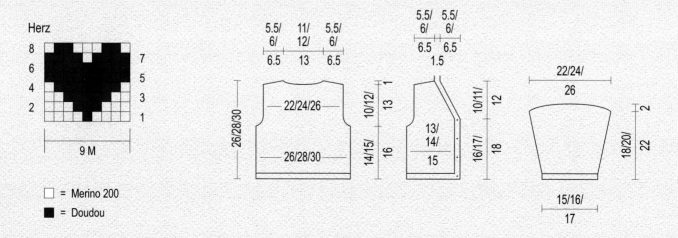

SPIEGLEIN, SPIEGLEIN AN DER WAND...

ÄRMEL: Anschlag 43/45/47 M mit MERINO 200. 8 R im Muster I stricken. Im Muster II weiterstricken, dabei beidseitig 9x1 M jede 6. R / 11x1 M abwechselnd jede 4. + 6. R / 12x1 M abwechselnd jede 4. + 6. R aufnehmen = 61/67/71 M. Gleichzeitig bei 12/14/16 R ab Borte 2 Herzchen aus Doudou (beidseitig von 13/15/15 Mittel-M) einstricken. Mit 18/20/22 Zwischen-R 1 Herzchen in die Teilmitte stricken, beidseitig davon mit 13/15/15 Zwischen-M noch 1 weiteres Herzchen. Den Ärmel in Muster II mit MERINO 200 beenden. **ARMKUGEL:** Bei 18/20/22 cm ab Anschlag beidseitig jede 2. R 1x3 M, 3x 5/6/7 M abketten. Bei 2 cm Armkugelhöhe die restlichen M locker abketten.

AUSARBEITEN: Nähte schließen. Die liegen gelassenen M der Verschlussborte im M-Stich zusammennähen, dann die Borte an den Ausschnitt nähen. Ärmel einsetzen. Knöpfe annähen.

PRIMABALLERINA-MANTEL

GRÖSSE:
80/86/92/98

MODELLMAßE:
Oberweite 54/56/58/62 cm
Länge 35/39/43/47 cm

MATERIAL:
- LANG YARNS DOUDOU
  (100 % Polyamid, LL 155 m / 50 g):
  200/200/250/300 g
  Rosa 884.0009
- Stricknadel Nr. 3 und 3½
- 6 Knöpfe

MUSTER I:
Nadel Nr. 3½: gemäß Strickschrift.
Das Schema zeigt die Reihen der Vorderseite. 1x die 1.–70. R / 1.–82. R / 1.–94. R / 1.–106. R.

MUSTER II:
Nadel Nr. 3: 1 M re, 1 M li.

MASCHENPROBE:
Muster I, Nadel Nr. 3½:
24 M = 10 cm breit.
40 R = 10 cm hoch.

RÜCKENTEIL: Anschlag 129/137/145/153 M. Im Muster I stricken, dabei nach der Rand-M den Rapport stets wiederholen und vor der Rand-M mit den M nach dem Rapport enden = 65/69/73/77 M nach 70/82/94/106 R. **ARMAUSSCHNITTE:** Bei 23/26/29/32 cm ab Anschlag (hängend messen) beidseitig jede 2. R 2x2 M abketten und 3x/3x/4x/3x1 M abnehmen = 51/55/57/63 M. **HALSAUSSCHNITT:** Bei 10/11/12/13 cm Armausschnitthöhe die mittleren 19/21/21/23 M abketten und beidseitig jede 2. R 1x3 M, 1x2 M abketten und 1x1 M abnehmen. **SCHULTERN:** Bei 34/38/42/46 cm ab Anschlag jede 2. R 2x3 M + 1x4 M / 2x3 M + 1x5 M / 3x4 / 2x4 M + 1x6 M abketten.

RECHTES VORDERTEIL: Anschlag 65/66/68/73 M. Im Muster I stricken, dabei die 1. R wie folgt stricken: 1 Rand-M, 0/1/3/0 M re, 7x/7x/7x/8x den Rapport stricken, enden mit den M nach dem Rapport, 1 Rand-M = 33/34/36/37 M nach 70./82./94./106. R. **ARMAUSSCHNITTE:** Bei 23/26/29/32 cm ab Anschlag an der li Kante 2x2 M abketten und 3x/3x/4x/3x1 M abnehmen = 26/27/28/30 M. **HALSAUSSCHNITT:** Bei 7/8/9/10 cm Armausschnitthöhe an der re Kante 1x6 M, 1x5 M, 1x3 M abketten und 2x1 M abnehmen. Die Schulter in gleicher Höhe und wie beim Rückenteil schrägen.

LINKES VORDERTEIL: Gegengleich zum re Vorderteil stricken.

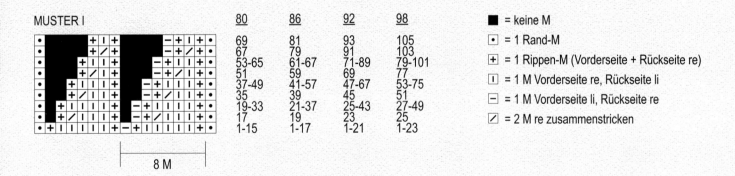

ÄRMEL: Anschlag 41/45/49/53 M im Muster I, dabei nach der Rand-M den Rapport stets wiederholen und vor der Rand-M mit den M nach dem Rapport enden (die 69. + 70. / 81. + 82. / 93. + 94. / 105. + 106. R stets wiederholen). Für die seitliche Schrägung beidseitig abwechselnd 6x/5x/4x/3x1 M jede 12. + 14. R / 16. + 18. R / 22. R / 30. R aufnehmen = 53/55/57/59 M. ARMKUGEL: Bei 22/23/24/25 cm ab Anschlag beidseitig jede 2. R 2x2 M abketten, 8x/9x/9x/10x1 M abnehmen, 2x2 M und 2x3 M abketten. Bei 7/8/8/9 cm Kugelhöhe die restlichen M locker abketten.

AUSARBEITEN: Nähte schließen. VERSCHLUSSBORTEN: Aus den Vorderteilkanten ca. 83/93/103/113 M auffassen und im Muster II stricken, dabei die 1. R als Rück-R mit 1 Rand-M, 1 M li beginnen und gegengleich enden. Am re Vorderteil in der 2. R 6 Knopflöcher wie folgt einstricken: Ab Unterkante 11/15/19/23 M stricken, 2 M abketten, ohne sie zu stricken, 2 U um die Nadel legen, dieses Knopfloch noch 5x mit 11/12/13/14 Zwischen-M wiederholen, die R zu Ende stricken. In der Rück-R die U verschränkt stricken. Bei 2 cm Bortenhöhe italienisch abketten. HALSBORTE: Aus dem Halsausschnitt und den Schmalkanten der Verschlussborte ca. 79/83/87/91 M auffassen (Rücken = 31/35/39/43 M, Vorderteil je = 24 M). Im Muster II stricken, dabei die 1. R als Rück-R mit 1 Rand-M, 1 M li beginnen und gegengleich enden. Bei 8 cm Bortenhöhe italienisch abketten. Ärmel einsetzen. Knöpfe annähen.

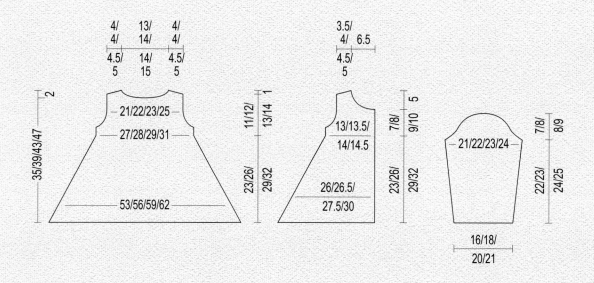

WER WOHL IN DEM SCHLOSS AUF MICH WARTET?

FLAUSCHIGER HERBSTMANTEL

MATERIAL:
- LANG YARNS LOOP
  (85 % Schurwolle, 15 % Polyamid,
  LL 45 m / 50 g):
  250/350/450/500 g
  Bunt 876.0050
- Stricknadel Nr. 5
- 1 kurze Rundstricknadel Nr. 4½
- 5 Knöpfe

GRÖSSE:
80/86/92/98

MODELLMASSE:
Oberweite 56/58/60/62 cm
Länge 35/39/43/47 cm

MUSTER:
Nadel Nr. 5: glatt re = Vorderseite re,
Rückseite li.

MASCHENPROBE:
Nadel Nr. 5:
13 M = 10 cm breit.
21 R = 10 cm hoch.

RÜCKENTEIL: Anschlag 70/74/78/82 M. Im Muster stricken, dabei die 14., 28., 42. + 56. M / 15., 30., 45. + 60. M / 16., 32., 48. + 64. M / 16., 33., 50. + 67. M für die Abnahmen markieren. Bei 2 cm ab Anschlag vor jeder markierten M 2 M re zusammenstricken und nach jeder markierten M 1 überzogene Abnahme arbeiten. Diese Abnahmen noch 3x/3x/3x/4x jede 10./12./14./14. R wiederholen. Für Größe 80/86/92 beidseitig noch jede 4. R 1x/2x/3x1 M abnehmen = 36/38/40/42 M.
ARMAUSSCHNITTE: Bei 23/26/29/32 cm ab Anschlag (hängend messen) beidseitig 1x2 M abketten und 1x1 M abnehmen = 30/32/34/36 M. **HALSAUSSCHNITT:** Bei 10/11/12/13 cm Armausschnitthöhe die mittleren 14/16/16/18 M abketten und beidseitig noch 1x2 M abketten. Bei 34/38/42/46 cm ab Anschlag für die Schulterschräge jede 2. R 2x3 M / 2x3 M / 1x3 M + 1x4 M / 1x3 M + 1x4 M abketten.

RECHTES VORDERTEIL
Anschlag 36/38/40/42 M. Im Muster stricken, dabei die 8. + 22. M / 8. + 23. M / 8. + 24. M / 8. + 25. M für die Abnahmen markieren. Bei 2 cm ab Anschlag vor jeder markierten M 2 M re zusammenstricken und nach jeder markierten M 1 überzogene Abnahme arbeiten. Diese Abnahmen noch 3x/3x/3x/4x jede 10./12./14./14. R wiederholen. Für Größe 80/86/92 an der li Kante noch jede 4. R 1x/2x/3x1 M abnehmen = 19/20/21/22 M. **ARMAUSSCHNITTE:** Bei 23/26/29/32 cm ab Anschlag an der li Kante 1x2 M abketten und 1x1 M abnehmen = 16/17/18/19 M. **HALSAUSSCHNITT:** Bei 7/8/9/10 cm Armausschnitthöhe an der re Kante 1x5, 1x3/3/3/4 M abketten und 2x/3x/3x/3x1 M abnehmen. Die Schulter in gleicher Höhe wie am Rückenteil schrägen.

LINKES VORDERTEIL
Gegengleich zum re Vorderteil stricken.

ÄRMEL
Anschlag 23/25/28/30 M. Im Muster stricken. Bei 12 cm ab Anschlag für die seitliche Schrägung beidseitig 3x/3x/3x/2x1 M jede 8. R aufnehmen = 29/31/34/34 M. **ARMKUGEL:** Bei 22/23/24/25 cm ab Anschlag beidseitig jede 2. R 2x2 M, 4x/4x/5x/5x1 M und 2x2 M abketten. Bei 7/8/8/9 cm Armkugelhöhe die restlichen M locker abketten.

AUSARBEITEN
Nähte schließen. **VERSCHLUSSBORTE:** Mit der Rundstricknadel Nr. 4½ aus den Vorderteilkanten ca. 40/44/48/54 M auffassen und im Muster stricken. Am re Vorderteil 5 Knopflöcher wie folgt einstricken: In der 2. R ab Unterkante 4/4/4/6 M stricken, 2 M abketten, ohne sie zu stricken, 2 U auf die Nadel legen. Das Knopfloch noch 4x mit 6/7/8/9 Zwischen-M wiederholen, die R beenden. In der Rück-R die U verschränkt stricken. Bei 2 cm Bortenhöhe locker abketten. **HALSBORTE:** Aus dem Halsausschnitt und den Schmalkanten der Verschlussborte ca. 48/52/54/58 M aufnehmen (= Rückenteil 18/20/20/22 M, Vorderteile je 15/16/17/18 M) und im Muster I stricken. Bei 2 cm Bortenhöhe locker abketten. Ärmel einsetzen. Knöpfe annähen.

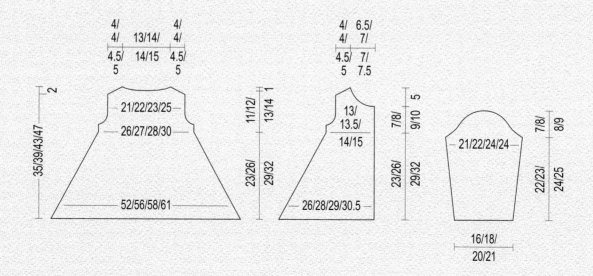

MEIN LIEBLINGSMANTEL: DER IST SOOOO KUSCHELIG!

STRICK-BASICS

Die Angaben sind jeweils der Größe nach aufgeführt, getrennt durch Schrägstrich. Sofern nur eine Zahl notiert ist, gilt diese für alle Größen.

Um eine regelmäßige Optik des Strickstückes zu erhalten, müssen Fransen-, Effekt- und bedruckte Garne sowie Garne mit Matt-Glanzeffekten unbedingt abwechselnd mit 2 Knäueln je 2 Reihen hochgestrickt werden.

DIE MASCHENPROBE

Das Wichtigste für ein gutes Gelingen Ihrer Strickarbeit ist das Einhalten der in der Strickanleitung angegebenen Maschenprobe. Stricken Sie vor Beginn Ihrer Arbeit ein Stück von ca. 20 Maschen Breite 8–10 cm hoch in dem für das Modell beschriebenen Muster. Dieses Stück leicht gedehnt und geradkantig aufstecken, ein feuchtes Tuch darüberlegen und so trocknen lassen. Vergleichen Sie nun Ihr Resultat mit der in der Anleitung angegebenen Maschenprobe. Bei abweichendem Ergebnis sollten Sie entweder gröbere oder feinere Nadeln verwenden, um auf jeden Fall die Maschenprobe der Anleitung zu erhalten.

AUSARBEITEN

Die Teile den Maßen entsprechend aufstecken, feuchte Tücher darüberlegen und so trocknen lassen. Zuletzt das fertige Strickmodell evtl. nochmals in Form spannen.

FÄDEN VERNÄHEN

Bei vielfarbigen Stricksachen: Bei langen und unregelmäßigen Farbrapporten alle Fäden auf ca. 5 cm Länge kürzen, der Naht entlang glattstreichen und mit nahe beieinander liegenden Überwendlingstichen mit Nähfaden an die Strickkanten nähen. Bei kurzen und regelmässigen Farbrapporten die Fäden sorgfältig und locker am Arbeitsrand mitführen, wenn immer möglich nicht abschneiden! Evtl. leicht an den Kanten befestigen.

MASCHEN UND REIHEN MARKIEREN

Einen andersfarbenen Faden von vorne nach hinten vor die zu markierende Masche legen, die Masche stricken und den Faden von hinten wieder nach vorne holen. Sollen ganze Reihen markiert werden, stets nach 4 gestrickten Reihen in der Mitte des Strickstückes jeweils die 2. Masche einer Reihe markieren.

TIPPS ZUM ABNEHMEN/ABKETTEN

Schöne und beinahe unsichtbare Abnahmen erleichtern das Ausarbeiten und verleihen Ihren fertigen Stricksachen ein edles, konfektionsmäßiges Aussehen. Die Abnahmen werden immer auf der Vorderseite gearbeitet.
Abnahme bei rechten Maschen: am Reihen-Anfang nach der Randmasche 2 Maschen rechts zusammenstricken, am Reihen-Ende vor der Randmasche 1 überzogene Abnahme arbeiten. Abnahme bei linken Maschen: am Reihen-Anfang nach der Randmasche 2 Maschen links verschränkt zusammenstricken, am Reihen-Ende vor der Randmasche 2 Maschen links zusammenstricken.

STUFENLOSES ABKETTEN

Die letzte Masche der Reihe nicht abstricken. Die Arbeit wenden, die 1. Masche der linken Nadel abheben und die nicht gestrickte Masche der Vor-Reihe über die abgehobene Masche ziehen. Die weiteren Maschen wie gewohnt abketten.

REISSVERSCHLUSSBLENDE

(2x arbeiten): 3 oder 4 Maschen mit dem Nadelspiel anschlagen. Abwechselnd auf der Rückseite alle Maschen links, auf der Vorderseite alle Maschen rechts stricken. Sobald die Blende leicht gedehnt die Reißverschlusslänge erreicht, die Maschen mit etwas Garnreserve liegen lassen. Die Blenden auf der Innenseite mit Nähfaden über das Stoffteil des Reißverschlusses nähen, dabei die Länge regulieren und die Maschen abketten.

ITALIENISCH ANSCHLAGEN FÜR GERADE MASCHENZAHL:

Mit feineren Stricknadeln und einem Rest kontrastfarbenem Garn die angegebene Maschenzahl anschlagen (benötigte Maschenzahl plus 2 M, geteilt durch 2). Mit Originalgarn weiterarbeiten. **1. R VORDERSEITE:** 1 Rand-M, *1 M re, 1 U*, von * zu * fortlaufend wiederholen, enden mit 1 Rand-M. **2. R RÜCKSEITE:** 1 Rand-M, *den U re abstricken, die li erscheinende M li abheben mit dem Faden vor der Arbeit*, von * zu * fortlaufend wiederholen, enden mit 1 Rand-M. **3. R VORDERSEITE + 4. R RÜCKSEITE:** die re erscheinenden M re abstricken, die li erscheinenden M li abheben mit dem Faden vor der Arbeit = Doppelpatent. – Am fertig gestrickten Teil das Kontrastgarn lösen.

ITALIENISCH ANSCHLAGEN FÜR UNGERADE MASCHENZAHL:

Mit feineren Stricknadeln und einem Rest kontrastfarbenem Garn die angegebene Maschenzahl anschlagen (benötigte Maschenzahl plus 1 M, geteilt durch 2). Mit Originalgarn weiterarbeiten. **1. R VORDERSEITE:** 1 Rand-M, *1 U, 1 M re*, von * zu * fortlaufend wiederholen, enden mit 1 U, 1 Rand-M. **2. R RÜCKSEITE:** 1 Rand-M, *den U re abstricken, die li erscheinende M li abheben mit dem Faden vor der Arbeit*, von * zu * fortlaufend wiederholen, enden mit 1 U re stricken, 1 Rand-M. **3. R VORDERSEITE + 4. R RÜCKSEITE:** die re erscheinenden M re abstricken, die li erscheinenden M li abheben mit dem Faden vor der Arbeit = Doppelpatent. – Am fertig gestrickten Teil das Kontrastgarn lösen.

ITALIENISCH ABKETTEN:

Die M mit der Sticknadel im Maschenstich verbinden:

1. Die Nadel mit der Arbeit in der li Hand halten, mit der Sticknadel in die Rand-M und in die 1. re M von hinten einstechen, Faden durchziehen, M auf der Nadel lassen. Beim Rundstricken nur in die 1. re M einstechen.

2. Mit der Sticknadel nochmals in die Rand-M, dann in die folgende li M von vorne nach hinten einstechen, Faden durchziehen, nur die Rand-M von der Nadel gleiten lassen. Beim Rundstricken nur in die 1. li M einstechen.

3. Wieder in die vorhergehende re M einstechen, diesmal jedoch von vorne nach hinten, die M von der Nadel gleiten lassen. Von hinten nach vorne in die folgende re M einstechen, M auf der Nadel lassen.

4. Nun in die vorhergehende li M von hinten und in die folgende li M von vorne einstechen, dabei immer nur die erste M von der Stricknadel gleiten lassen.

3. + 4. bis zum Reihenende fortlaufend wiederholen. Beim Rundstricken: **3. + 4.** bis zum Rundenende fortlaufend wiederholen, bei den letzten beiden M nochmals in die beiden zuerst abgeketteten M einstechen.

KLEINE STRICK- UND HÄKELSCHULE

MASCHENANSCHLAG

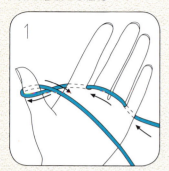

1

Das Fadenende zwischen kleinem und Ringfinger von außen nach innen führen, zwischen Mittel- und Zeigefinger nach außen holen und von vorne um den Daumen legen.

2

Mit 2 Nadeln die Daumenschlinge erfassen. Dann mit den Nadeln die Zeigefingerschlinge des Fadens erfassen. Die Zeigefingerschlinge durch die Daumenschlinge holen.

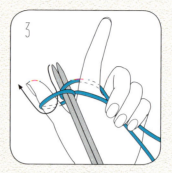

3

Den Daumen aus der Schlinge ziehen, unter den vorderen Faden führen und mit dem Daumen die Schlinge festziehen. Die 2. Nadel nach gewünschter Maschenzahl herausziehen.

RECHTE MASCHE

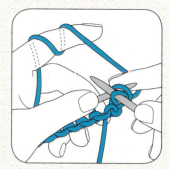

Der Faden liegt hinter der linken Nadel. Mit der rechten Nadel von rechts nach links in die Masche einstechen, den Faden mit der rechten Nadel fassen und durch die Masche ziehen. Die Masche von der linken Nadel gleiten lassen.

LINKE MASCHE

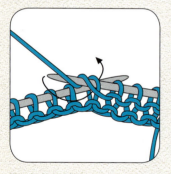

Der Faden liegt vor der linken Nadel. Mit der rechten Nadel von rechts nach links in die Masche einstechen. Den Faden von vorn nach hinten um die Nadelspitze schlingen und durch die Masche holen. Die Masche von der linken Nadel gleiten lassen.

MASCHEN DAZU ANSCHLAGEN

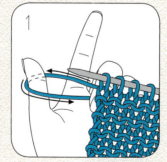

1

Den Faden von der Nadel kommend von hinten nach vorn um den Daumen legen, mit Mittel-, Ring- und kleinem Finger etwas festhalten.

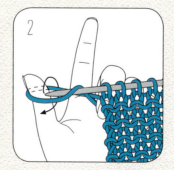

2

Mit der rechten Nadel von vorn nach hinten in die Schlinge einstechen und den hinteren Faden fassen.

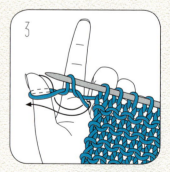

3

Den Faden zur Schlinge durchziehen, den Daumen aus der Schlinge nehmen und den Faden anziehen, sodass eine neue Masche entsteht.

MASCHEN AUFFASSEN

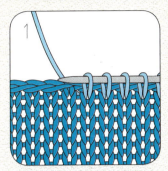

In die Masche unterhalb des Randes einstechen und den Faden holen. 1 Masche ist auf der Nadel. Auf diese Weise die gewünschte Maschenzahl herausstricken.

Beim Auffassen aus Rundungen müssen die „Treppchen", die beim Abketten entstanden sind, ausgeglichen werden. Dazu am besten auch einmal die Masche aus einer Reihe zuvor erfassen.

AUS DEM QUERFADEN RECHTS VERSCHRÄNKT EINE MASCHE AUFNEHMEN

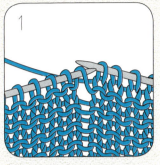

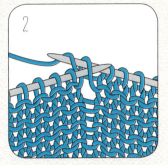

Den Querfaden zwischen 2 Maschen mit der linken Nadel von vorn nach hinten aufnehmen. Der Arbeitsfaden liegt hinten.

In den hinteren Schlingenteil einstechen, Faden durchholen. Den aufgenommenen Querfaden von der linken Nadel gleiten lassen.

MASCHEN RECHTS ZUSAMMENSTRICKEN

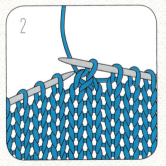

Den Faden hinter die Arbeit legen. Mit der rechten Nadel von links nach rechts durch beide Maschen stechen.

Den Faden durchholen. Die Maschen von der linken Nadel gleiten lassen.

MASCHEN LINKS ZUSAMMENSTRICKEN

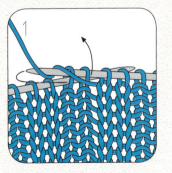

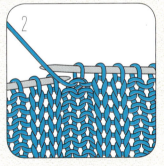

Wie bei einer linken Masche liegt der Faden vor der linken Nadel. Von rechts nach links durch beide Maschen stechen.

Den Faden durchholen und die Maschen von der linken Nadel gleiten lassen.

2 MASCHEN ÜBERZOGEN ZUSAMMENSTRICKEN

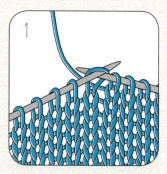

1 Masche wie zum Rechtsstricken abheben.

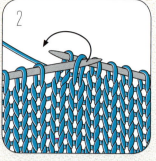

Die folgende Masche rechts stricken und die abgehobene Masche darüberziehen.

DOPPELT ÜBERZOGENE ABNAHME

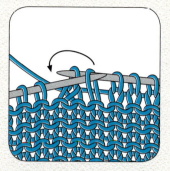

1 Masche von vorne wie zum Rechtsstricken abheben, die folgenden 2 Maschen rechts zusammenstricken und die abgehobene Masche darüberziehen.

MASCHEN ABKETTEN

Die ersten 2 Maschen stricken. Mit der linken Nadel in die 1. Masche stechen, diese über die 2. Masche legen und mit der rechten Nadel die 2. Masche durch die 1. ziehen. Fortlaufend die nächste Masche stricken und die vorhergehende darüberziehen.

FESTE MASCHEN HÄKELN

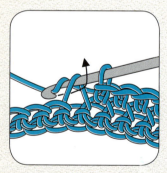

Mit der Häkelnadel von vorne in eine Masche einstechen und den Faden nach vorne holen. Anschließend durch beide Maschen auf der Nadel den Faden des Garns hindurchziehen, so dass eine neue einzelne Masche entsteht.

KETT-MASCHEN HÄKELN

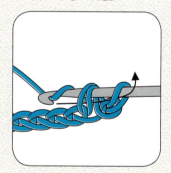

Mit der Häkelnadel von vorne in eine Masche einstechen, den Faden nach vorne holen und gleich weiter durch die Masche auf der Häkelnadel ziehen.

HALBES STÄBCHEN HÄKELN

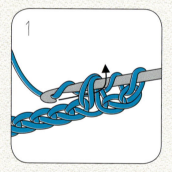

1 Umschlag um die Nadel legen, von vorne in eine Masche einstechen und Faden durch die Masche ziehen. Jetzt liegen 3 Schlingen auf der Nadel.

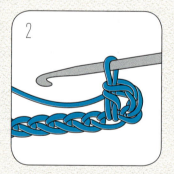

Anschließend den Arbeitsfaden durch alle 3 Schlingen ziehen

DOPPELTES STÄBCHEN HÄKELN

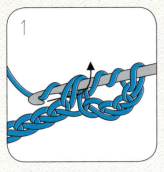

1 2 Umschläge um die Nadel legen, von vorne in eine Masche einstechen, den Faden um die Nadel legen und durch die Masche ziehen.

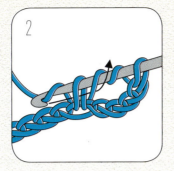

2 Anschließend den Faden durch 2 Schlingen auf der Nadel ziehen.

3 Den Vorgang noch zweimal wiederholen, bis nur noch 1 Masche auf der Nadel liegt.

MIT DEM MASCHENSTICH MOTIVE AUFSTICKEN

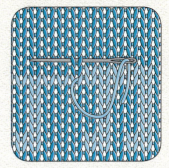

Stickfaden auf der Rückseite der Näharbeit vernähen. Dann von der linken Seite in die untere Spitze einer gestrickten rechten Masche einstechen. Den Faden von der rechten Seite her unter die beiden Schenkel der darüberliegenden Masche führen und von oben wieder zurück in die Spitze stechen, aus der der Faden zuerst herausgeführt wurde. Auf gleichmäßige Fadenspannung achten.

ÄRMEL MIT ARMKUGEL EINSETZEN

Die gerade Ärmelnaht schließen. Den Ärmel rechts auf rechts an der Schulternaht befestigen, Ärmelmitte auf Schulternaht. Von der Mitte aus den Ärmel im Ausschnitt fixieren, untere Ärmelnaht auf Seitennaht.

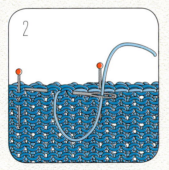

Nach ca. 2 cm den Arbeitsfaden festziehen, damit sich die Strickteile übergangslos aneinanderfügen. Hier wird eine Steppnaht unterhalb des Abkettrands gearbeitet. Möglichst nur zwischen die Maschen stechen, nicht den Faden durchstechen.

MIT DEM MASCHENSTICH STRICKTEILE ZUSAMMENNÄHEN

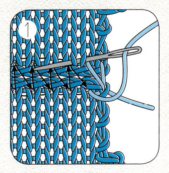

1 Die Strickteile flach gegeneinander legen (rechte Seite nach oben) und die Randmaschen von unten nach oben miteinander vernähen. Dann die 2. Hälfte der Randmasche und die 1. Hälfte der folgenden Masche jeweils von unten nach oben erfassen, beim oberen Teil die gesamte 1. Masche. Den Faden durchziehen.

2 Nachfolgend beim unteren Teil immer die 2. Hälfte der vorherigen und 1. Hälfte der folgenden Masche auffassen und oben die gesamte folgende Masche. Nach ca. 2 cm den Faden anziehen.

IMPRESSUM

ENTWÜRFE UND REALISATION: Lang & Co. AG
REDAKTION: Anna Fischer
LEKTORAT: Dr. Katrin Korch
FOTOGRAFIE: phil müller, Zürich
STYLING UND FOTOREGIE: Yolanda Senn Ammann, Zofingen
GESAMTGESTALTUNG UND SATZ: GrafikwerkFreiburg
REPRODUKTION: RTK & SRS mediagroup GmbH
DRUCK UND VERARBEITUNG: Ömür Printing, Istanbul

ISBN 978-3-8410-6385-4
Art.-Nr. 6385

© 2015 Christophorus Verlag GmbH & Co. KG, Freiburg
Alle Rechte vorbehalten.

Sämtliche Modelle, Illustrationen und Fotos sind urheberrechtlich geschützt. Jede gewerbliche Nutzung ist untersagt. Dies gilt auch für eine Vervielfältigung bzw. Verbreitung über elektronische Medien.

Autor und Verlag haben die größtmögliche Sorgfalt walten lassen, um sicherzustellen, dass alle Angaben und Anleitungen korrekt sind, können jedoch im Falle unrichtiger Angaben keinerlei Haftung für eventuelle Folgen, direkte oder indirekte, übernehmen. Die gezeigten Materialien sind zeitlich unverbindlich. Der Verlag übernimmt für Verfügbarkeit und Lieferbarkeit keine Gewähr und Haftung. Farbe und Helligkeit der in diesem Buch gezeigten Garne, Materialien und Modelle können von den jeweiligen Originalen abweichen. Die bildliche Darstellung ist unverbindlich. Der Verlag übernimmt keine Gewähr und keine Haftung.

HERSTELLERANGABEN

- Addi Nadeln über Gustav Selter GmbH & Co. KG
  www.addinadeln.de
- Lang Yarns Wolle über Lang & Co. AG
  www.langyarns.com

Kreativ-Service

Sie haben Fragen zu den Büchern und Materialien? Frau Erika Noll ist für Sie da und berät Sie rund um alle Kreativthemen. Rufen Sie an! Wir interessieren uns auch für Ihre eigenen Ideen und Anregungen. Sie erreichen Frau Noll per E-Mail: mail@kreativ-service.info oder Tel.: +49 (0) 5052 / 91 18 58 Montag – Donnerstag: 9 – 17 Uhr / Freitag: 9 – 13 Uhr

Besuchen Sie uns im Internet: www.christophorus-verlag.de